Bibeltreue in der Offensive?!

Biblia et Symbiotica

herausgegeben von
Dr. Thomas Schirrmacher und Ruben C. Alvarado

Band 2

Band 1: Stephan Holthaus
Fundamentalismus in
Deutschland

Band 2: Thomas Schirrmacher
Bibeltreue in der Offensive?!

Band 3: Karsten Bürgener
Die Auferstehung Jesu Christi
von den Toten

Band 4: Thomas Schirrmacher
Paulus im Kampf gegen den
Schleier

Band 5: Hans Georg Assmussen
Sonne stehe still …!

Band 6: Stephan Holthaus,
Thomas Schirrmacher (Hg.)
Der Kampf um die Bibel: 100
Jahre Bibelbund (1894-1994)

Band 7: Thomas Schirrmacher
Der Text des Römerbriefes: Für
das Selbststudium gegliedert

Band 8: Friedhelm Jung
Die deutsche Evangelikale
Bewegung

Band 9: Bernhard Kaiser
Luther und die Auslegung des
Römerbriefes

Band 10: Lothar Käser (Hg.)
Wort und Klang: Festschrift
Martin Gotthard Schneider

Band 11: Jochen Bohn
Der Mensch im calvinischen
Staat

Band 12: Thomas Schirrmacher
Galilei-Legenden

Band 13: Tobias Jäger
Olavus Petri, Reformator
in Schweden …

Band 14: Thomas Schirrmacher
Marxismus – Opium für das Volk

Band 15: Thomas Schirrmacher
Die Vielfalt biblischer Sprache

Band 16: Stefano Cotrozzi
Exegetischer Führer zum
Titus- und Philemonbrief

Band 17: Thomas Wild-Wey
Inspiration: Biblische Skizzen
zum Heiligen Geist

Band 18: Andreas Späth
Luther und die Juden

Band 19: Thomas Schirrmacher
Beiträge zur Kirchen- und
Theologiegeschichte

Band 20: Reinhold Friedrich
Martin Bucer –
‚Fanatiker der Einheit'?

Bibeltreue in der Offensive?!

Die drei Chicagoerklärungen zur biblischen
Irrtumslosigkeit, Hermeneutik und
Anwendung

Herausgegeben und übersetzt von
Thomas Schirrmacher

Mit einer neuen Einleitung versehene
und überarbeitete 3. Auflage
in neuer Rechtschreibung

Verlag für Kultur und Wissenschaft
3. überarbeitete Auflage 2009

Die Deutsche Bibliothek – CIP

Bibliografische Information der Deutschen Bibliothek
Die Deutsche Bibliothek verzeichnet diese Publikation in der Deutschen Nationalbibliografie; detaillierte bibliografische Daten sind im Internet über http://dnb.ddb.de abrufbar.
Bibliographic information published by Die Deutsche Bibliothek
Die Deutsche Bibliothek lists this publication in the Deutsche Nationalbibliografie; detailed bibliographic data is available in the internet at http://dnb.ddb.de.

© 1978 & 1982 & 1986 des englischen Originals:
International Council on Biblical Inerrancy
© 1993/2004/2009: Martin Bucer Seminar e.V. (Bonn, Berlin, Hamburg, Linz, Innsbruck, Zürich, Prag, Zlin, Istanbul)

ISBN 978-3-938116-89-0
ISSN 0944-1042 (Biblia et symbiotica)

Das gesamte Buch und die einzelnen Teile dieser Publikation stehen als PDF-Dateien zum download zur freien Verfügung unter: www.bucer.de/forschung/hermeneutik/chicago. Die Dateien dürfen in unveränderter Form auch auf anderen Webseiten eingestellt oder auf Papier ausgedruckt werden. Die grafische Veränderung oder Übernahme des reinen Textes in andere Veröffentlichungsformen bedarf der Genehmigung.

Printed in Germany
Satz: Beate Hebold
Umschlaggestaltung und Gesamtherstellung:
BoD Verlagsservice Beese, Friedensallee 76, 22765 Hamburg
www.rvbeese.de / info@rvbeese.de

Verlag für Kultur und Wissenschaft
(Culture and Science Publ.)
Friedrichstr. 38, 53111 Bonn
Fax 0228/9650389
www.vkwonline.de / info@bucer.de
Verlagsauslieferung:
IC Medienhaus (vormals Hänssler)
71087 Holzgerlingen, Tel. 07031/7414-177 Fax -119
www.icmedienhaus.de

INHALTSVERZEICHNIS

„Bibeltreue" in der Offensive?! 7
Einführung in die Chicago-Erklärungen 7
1. Der Internationale Rat für Biblische Irrtumslosigkeit 7
2. Einunddreißig Jahre danach: Probleme
mit einem amerikanischen Bekenntnis für Europa? 10
3. Zur deutschen Übersetzung 14

**Der vollständige Text der Chicago-Erklärungen
mit Einführungen und Erläuterungen des ICBI** 15
Die Chicago-Erklärung zur Biblischen Irrtumslosigkeit 15
Vorwort 15
Zusammenfassende Erklärung 17
Artikel des Bekennens und des Verwerfens 18
Kommentar 23

Die Chicago-Erklärung zur Biblischen Hermeneutik 30
Artikel des Bekennens und des Verwerfens 31
Kommentar 38

Die Chicago-Erklärung zur Anwendung der Bibel 51
Einführung 51
Artikel des Bekennens und des Verwerfens 60

**1. Anhang: Das Kapitel zur Heiligen Schrift
aus dem Westminster Bekenntnis (1648)** 77
Einführung zum 1. und zum 2. Anhang 77
Kapitel I: Von der Heiligen Schrift 78

2. Anhang: Die Abschnitte zur Irrtumslosigkeit der Schrift aus dem Zweiten Helvetischen Bekenntnis (1562/1566)   87

Kapitel 1: Von der Heiligen Schrift, dem wahren Worte Gottes   87

Kapitel 2: Von der Auslegung der Heiligen Schrift, und von den Kirchenvätern, Konzilien und Traditionen   90

3. Anhang: Bibeltreu oder der Bibel treu? Glaubwürdigkeit und Unfehlbarkeit der Schrift   93

Vorbemerkung   93

Jesus, das Wort Gottes, und die Bibel, das Wort Gottes   95

Koran oder Jesus, Buch oder Person?   98

Das Wesen Gottes – das Wesen der Schrift   102

Glaube an Gott und Glaube an die Schrift   106

Gott schwört bei sich selbst   109

Schrift und Heil   110

Komplementarität von Gotteswort und Menschenwort   114

Inspiration: Geist und Mensch als Autoren der Schrift   116

Die Persönlichkeit der biblischen Autoren   117

Bibel und Wissenschaftlichkeit   120

Kritik der Kritik   124

Bibeltreue ist nicht mit der westlichen Theologie gleichzusetzen   127

Bibeltreue kann die Vielfalt der Konfessionen nicht beenden   128

Literaturhinweise   130

„BIBELTREUE" IN DER OFFENSIVE?!

EINFÜHRUNG IN DIE CHICAGO-ERKLÄRUNGEN

THOMAS SCHIRRMACHER

1. Der Internationale Rat für Biblische Irrtumslosigkeit

• Warum waschen wir uns nicht gegenseitig die Füße, obwohl doch Jesus Petrus den Befehl zum Füßewaschen gegeben hat?
• Sind die Worte, die die Bibel aus dem Munde Satans berichtet, auch ‚Gottes Wort'?
• Hat der Teufel bei der Versuchung Jesu die Bibel nicht gerade wörtlich und trotzdem falsch verstanden, als er Jesus aufforderte, von der Tempelzinne zu springen?
• Sind alttestamentliche Gebote, die wir nicht mehr praktizieren, immer noch Gottes Wort?
• Ist es denn nicht möglich, nur an Gott zu glauben, ohne dass die Bibel zwischen Gott und dem Menschen steht?

Solche Fragen werden auch von Christen gestellt, die die Bibel mit Altem und Neuem Testament für das göttlich inspirierte Wort Gottes halten. Bibeltreue Christen sind deswegen gefordert, das Bekenntnis zur Heiligen Schrift als Wort Gottes im Detail zu bewähren und den am Text entstehenden Fragen nicht durch kurze Formeln auszuweichen, so berechtigt diese zur schnellen Kennzeichnung der eigenen Position auch sein mögen.

Eine verantwortungsvolle, bibeltreue Position will nicht schlüssige Theorien über die Bibel aufstellen, sondern nur zusammenfassen, was die Bibel über sich selbst sagt, beziehungsweise darstellen, wie sie uns selbst entgegentritt. Dementsprechend ist es wesentlich, dass sich eine solche Position nicht nur darüber Rechenschaft gibt, was die Bibel an sich ist, sondern auch, wie sich das Wesen der Bibel in der Auslegung ihrer verschiedenartigen Texte und Teile auswirkt.

1977 schlossen sich zahlreiche bibeltreue, evangelikale Theologen aus den USA und daneben vereinzelt aus anderen Teilen der Welt[1] zum Internationalen Rat für biblische Irrtumslosigkeit (International Council on Biblical Inerrancy, kurz ICBI) zusammen[2], um innerhalb von zehn Jahren von 1978 an sich in verschiedenen Erklärungen darüber Rechenschaft abzulegen, auf welchem Weg die Bibel angesichts ihres göttlichen Charakters angemessen ausgelegt werden kann.

Der ICBI führte Konferenzen durch[3], veröffentlichte zahlreiche ausgezeichnete wissenschaftliche und allgemeinverständliche Bücher zur Bibel[4], diskutierte auf drei zentralen Tagungen die drei Chicago-Erklärungen und löste sich schließlich 1988 nach vollendeter Arbeit wieder auf.

---

[1] In Auswahl: Prof. Dr. Gleason L. Archer, Prof. Dr. Jay Adams, Dr. Greg Bahnsen, Prof. Henri A. G. Blocher, Prof. Dr. James M. Boice (Vorsitzender), Prof. Dr. Edmund P. Clowney, Dr. W. A. Criswell, Prof. Dr. Charles L. Feinberg, Prof. Dr. Norman Geisler, Prof. Dr. Harold W. Hoehner, Prof. Dr. Kenneth Kanzer, Prof. Dr. James Kennedy, Prof. Dr. Samuel Külling, Prof. Dr. Gordon Lewis, Prof. Dr. Harold Lindsell, Dr. John F. MacArthur Jr., Dr. Josh D. McDowell, Prof. Dr. Warwick Montgomery, Prof. Dr. James I. Packer, Luis Palau, Prof. Dr. Earl D. Radmacher, Prof. Dr. R. C. Sproul, Prof. Dr. John F. Walvoord. (Die Auswahl umfasst etwa die Hälfte der Mitglieder. Aufgenommen wurden vorwiegend solche Mitglieder, von denen Bücher in deutscher Sprache erschienen sind.)

[2] Vgl. die Absichtserklärung des ICBI bei seiner Gründung: James M. Boice. *Die Unfehlbarkeit der Bibel*. Schulte + Gerth/Immanuel Verlag: Asslar/Riehen, 1987. S. 151–155.

[3] Vgl. den Konferenzbericht Heinrich von Siebenthal. „Ja, selig sind, die Gottes Wort hören und bewahren!: Ein Bericht über den Bibelkongress (Congress on the Bible) vom 3. bis 6. März 1982 in San Diego, California, U.S.A.". *Fundamentum* 4/1982. S. 64–79, der auch Inhaltsangaben der Vorträge enthält; sowie den Konferenzbericht von Reinhard Möller in *Fundamentum* 2/1983. S. 66–79 und Heft 3/1983. S. 19–47.

[4] Davon erschienen folgende Bücher und Aufsätze auf Deutsch: James M. Boice. *Die Unfehlbarkeit der Bibel*. Schulte + Gerth/Immanuel Verlag: Asslar/Riehen, 1987 (engl.: James M. Boice [Hg.]. *The Foundation of Biblical Authority*. Zondervan: Grand Rapids, 1978). Als Artikelserie (engl.: Earl Radmacher (Hg.). *Can we trust the Bible?: Leading Theologians Speak out on Biblical Inerrancy*. Tyndale: Wheaton, 1978): Carl F. Henry. „Die Bibel und das Gewissen unseres Zeitalters". *Fundamentum* 2/1983. S. 79–85. James I. Packer. „Eine Lampe an einem dunklen Ort: Predigt über 2. Petrus 2,19–21". *Fundamentum* 2/1984. S. 19–29. Edmund P. Clowney. „Wie Christus die Heilige Schrift interpretiert: Predigt über Lukas 24,26 und 27". *Fundamentum* 3/1984. S. 23–37. Robert D. Preus. „Die Heilige Schrift: Gottes Weisheit und Gottes Kraft: Predigt über 2. Timotheus 3,14–17". *Fundamentum* 4/1984. S. 18–29. James M. Boice. „Die Kennzeichen der Gemeinde". *Fundamentum* 1/1985. S. 21–32. Wallie A. Ciswell. „Was geschieht, wenn ich die Bibel als wortwörtlich wahr predige?" *Fundamentum* 3/1985. S. 21–33. R. C. Sproul. „Sollte Gott gesagt haben? Pre-

In den drei Chicago-Erklärungen haben namhafte, bibeltreue Theologen verschiedenster Kirchen und Denominationen aus den USA in Artikeln des Bekennens und des Verwerfens im Detail erarbeitet,

1. was das Wesen der Schrift und ihrer Inspiration ist (Chicago-Erklärung zur biblischen Irrtumslosigkeit, 1978),
2. wie die Schrift dementsprechend im Einzelnen auszulegen ist (Chicago-Erklärung zur biblischen Hermeneutik, 1982),
3. und welche Antworten sich bei einer solchen Auslegung für einige der brennenden Tagesprobleme unserer Zeit ergeben (Chicago-Erklärung zur biblischen Anwendung, 1986).

Bibeltreue soll hier vom Bekenntnis zur Bibel über Prinzipien der Auslegung hin zu konkreten Ergebnissen der Auslegung in der dritten Erklärung durchgeführt werden. Dadurch wird deutlich, dass die beste Sicht der Bibel nichts nützt, wenn ihr Inhalt nicht ernstgenommen wird. Zugleich erfolgt damit die Abgrenzung von Gruppen wie den Zeugen Jehovas, die formal die Bibel für irrtumslos halten, zugleich jedoch das Zeugnis der Bibel über ihren Autor, den dreieinigen Gott, und über ihre Mitte, Jesus Christus, in Frage stellen.

---

digt über Gen 3,1". *Fundamentum* 4/1985. S. 19–31. Zusätzlich erschien folgender Aufsatz auf Deutsch: James I. Packer. „Der Heilige Geist und sein Werk". *Fundamentum* 2/1988. S. 16–45. Daneben sind auf Englisch folgende Bücher und Aufsatzsammlungen im Auftrag des ICBI erschienen (Einzelaufsätze in Zeitschriften wurden ausgelassen): James M. Boice. *Does Inerrancy Matter?* ICBI: Oakland, 1978 (allgemeinverständlich). R. C. Sproul. *Commentary on the Nineteen Articles of the Chicago Statement.* Tyndale: Wheaton, 1978 (Kommentar zur ersten Chicago-Erklärung). Norman L. Geisler (Hg.). *Inerrancy.* Zondervan: Grand Rapids, 1979 (Vorträge und Arbeitspapiere der ersten Konferenz, auf der die 1. Chicago-Erklärung erarbeitet wurde). Norman L. Geisler (Hg.). *Biblical Errancy: Its Philosophical Roots.* Zondervan: Grand Rapids, 1979 (Aufsätze zu den philosophischen Wurzeln der Bibelkritik). Gordon Lewis, Bruce Demarest (Hg.). *Challenges to Inerrancy.* Moody Press: Chicago, 1984 (Theologische Aufsätze zu kritischen Entwürfen). John Hannah (Hg.). *Inerrancy and the Church.* Moody Press: Chicago, 1984 (Kirchengeschichtliche Beiträge). Earl Radmacher, Robert Preus (Hg.). *Hermeneutics, Inerrancy and the Bible.* Zondervan: Grand Rapids, 1984 (Vorträge und Arbeitspapiere der zweiten Konferenz, die die 2. Chicago-Erklärung erarbeitet hat.).

2. Einunddreißig Jahre danach: Probleme mit einem amerikanischen Bekenntnis für Europa?

Zentrales Anliegen des ICBI war es, eine Hermeneutik zu formulieren, die sich einerseits von bibelkritischen Positionen absetzt, andererseits aber auch von fundamentalistischen Positionen, die wissenschaftliches Arbeiten an der Bibel grundsätzlich verwerfen. Letzteres wird etwa daran deutlich, dass der Wert von Textkritik, ‚Gattungen‘, literaturwissenschaftlichen Kategorien und historischem Wissen über die Welt für das Studium des Bibeltextes hervorgehoben wird.

Diese Position der Chicagoerklärung zwischen den Fronten wird in Europa gerne übersehen. Wenn es etwa in der 2. Erklärung in Artikel XIII heißt: „Wir bekennen, dass ein Bewusstsein für die literarischen Kategorien der verschiedenen Teile der Schrift in Form und Stil für die rechte Exegese wichtig ist, und deswegen schätzen wir die Erforschung dieser Gattungen als eine der vielen Disziplinen des Bibelstudiums."[5], so bedeutet dies ja eine Beschränkung eines allzu laienhaften Umgangs mit der Bibel als auch eine Würdigung mancher exegetischer Literatur aus der Feder von Theologen, die die Grundlage der Chicagoerklärung nicht teilen.

Trotz seiner internationalen Bezeichnung war der ICBI weitgehend eine US-amerikanische Vereinigung, denn selbst britische Gelehrte waren kaum vertreten. Als deutschsprachiger Vertreter wurde zwar Prof. Dr. Samuel Külling, als französischsprachiger Vertreter Prof. Henri A. G. Blocher in den Beirat aufgenommen, aber weder waren die Europäer typische Vertreter einer europäischen Zugangsweise zum Thema, noch waren sie an der tatsächlichen Abfassung der Erklärungen beteiligt.

Dies wird etwa an einem auffallenden Unterschied zwischen der europäischen und amerikanischen Einordnung der ganzen Frage in der Systematischen Theologie auch unter ‚Bibeltreuen‘ deutlich. In Europa ist die Frage, inwieweit die Bibel ‚Gottes Wort‘ ist, immer trinitarisch im Rahmen der Offenbarung Gottes in seinem Sohn diskutiert worden. Die Bibel als Gottes Wort steht dabei gewissermaßen im

---

[5] S. auch die 1. Erklärung, Artikel XVIII: „Wir bekennen, dass der Text der Schrift durch grammatisch-historische Exegese auszulegen ist, die die literarischen Formen und Wendungen berücksichtigt".

Windschatten der Offenbarung Gottes in seinem Sohn Jesus Christus als ‚das Wort Gottes' schlechthin. In den USA und in den Chicago-Erklärungen wird die Frage, inwieweit die Bibel Gottes Wort ist und wie man dementsprechend mit ihr umgehen sollte, meist unabhängig von der restlichen Dogmatik diskutiert.

Das zeigt sich daran, dass in der 1. Chicagoerklärung gar nicht und in der 2. Erklärung nur kurz in Artikel II gesagt wird, dass Christus die Mitte der Schrift ist, nirgends aber ausdrücklich gesagt oder thematisiert erwähnt wird, dass Jesus das Wort Gottes ist. Noch verblüffender ist, dass die Aussage in der Trinitätslehre der 3. Erklärung völlig fehlt, die doch eine Art Minidogmatik und -ethik darstellt. Kein Wunder, dass in Europa hier am häufigsten die Kritik insbesondere reformatorischer Theologen angesetzt hat (siehe dazu meinen Aufsatz im 3. Anhang). Allerdings ist gleich einschränkend hinzuzufügen, dass dies eher eine kulturelle Problematik darstellt, denn in Amerika ist es auch sonst eher üblich, dogmatische Einzelfragen recht losgelöst von der Einbindung in die Gesamtdogmatik zu diskutieren, während in Europa oft am entgegengesetzten Ende manche Detaildiskussion stark mit zwar grundsätzlich richtigen, aber zur Frage selbst nichts beitragenden Grundsatzfragen und Fragen der dogmatischen Einordnung befrachtet wird.

Auch der Stil, Thesen in Paaren des Bekennens und Verwerfens aufzustellen, ist zwar natürlich der europäischen Theologiegeschichte nicht fremd, aber schon lange nicht mehr in Übung und befremdet leicht. Sie erhebt jeden Teilsatz in den unmittelbaren Rang eines letzten Bekenntnisses, dem man nicht nur nicht widersprechen darf, sondern den man vermeintlich auch nicht besser formulieren kann.

Erfreulich ist, dass die Chicagoerklärungen durchgängig betonen, dass die Bibel Gottes Wort und Menschenwort zugleich ist (am deutlichsten leider erst in der 2. Erklärung, Artikel II, in der 1. Erklärung ist Artikel VIII dagegen noch etwas dürftig) und jeder mechanischen Inspirationslehre – sei sie nun wirklich in der Geschichte häufig gelehrt worden oder nicht – eine Absage erteilt. Ebenso sieht sie auf Seiten des Verstehens der Schrift die göttliche und menschliche Seite gleichwertig zusammen: Es ist ebenso die Erleuchtung, Führung und Bewahrung des Heiligen Geistes beim Studium der Schrift notwendig, wie das menschliche Denken und damit alle menschlichen Fähigkeiten, die auch sonst helfen, Sprache und Texte zu verstehen.

Wenig ausgeprägt ist unter vielen amerikanischen Evangelikalen auch das Bewusstsein der Gefahr, die westliche Theologie für die biblische Theologie schlechthin zu halten. Wenn es in der 2. Erklärung in Artikel XII heißt: „Wir bekennen, dass bei der Aufgabe, die Bibel zu übersetzen und sie im Kontext jeder Kultur zu lehren, nur solche funktionellen Äquivalente verwendet werden sollten, die dem Inhalt der biblischen Lehre getreu entsprechen", so fehlt dabei die Demut der westlichen Theologie, dass sie sich selbst zugesteht, dass ihre eigenen Übersetzungen der biblischen Botschaft in die jeweiligen Kulturen diesem hehren Standard allzuoft nicht gerecht werden und deswegen nichtwestliche Kulturen in ihrer Auslegung und Übersetzung der Bibel im Rahmen ihrer Kultur nicht automatisch an Standards der westlichen Theologiegeschichte gemessen werden dürfen. Gerade ‚bibeltreue' Missionswissenschaftler haben hier ein Defizit der Chicagoerklärungen ausgemacht. Schon Calvin geriet in den Geruch der Häresie, als er die Ableitung der Dreieinigkeitslehre aus der Schrift nicht automatisch an den Formulierungen der frühkirchlichen Konzilien festmachen wollte – gerade dadurch hat er aber auf Dauer zu einer Erneuerung und Festigung der Trinitätslehre beigetragen. Heute müssen wir noch viel mehr betonen, dass die griechisch-lateinische und westliche Lesart der Bibel und der Theologie nicht mehr und nicht weniger kulturell bedingt sind, wie die anderer Kulturen, die derzeit zahlenmäßig immer stärker in den Mittelpunkt des Christentums rücken.

Und wenn wir schon bei kritischen Punkten sind, muss auch noch angesprochen werden, dass die theologische Vielfalt im ‚bibeltreuen' Lager zu wenig als Dauerherausforderung für jede biblische Hermeneutik verstanden und angesprochen wird.

Das wird etwa deutlich, wenn man sich den Kompromiss zwischen den Vertretern der reformierten und der dispensationalistischen Hermeneutik in Bezug auf die Prophetie und überhaupt die Mehrfacherfüllung eines Textes anschaut. Beide Seiten repräsentieren große Teile der evangelikalen Theologie in den USA. Ihre Hermeneutiken in Bezug auf eschatologische und sonstige Texte und ihre Eschatologien (die in jedem Lager selbst wieder sehr ausdifferenziert und vielfältig sind) sind nicht kompatibel. So ist in Artikel VII der 2. Erklärung unschwer im positiven Satz das reformierte Anliegen ausgedrückt, im negativen Satz das dispensationalistische: „Wir bekennen, dass die Bedeutung, die in jedem biblischen Text ausgedrückt wird, eine einzige, bestimmte und unabänderliche Bedeutung ist. Wir verwerfen die

Auffassung, dass die Anerkennung dieser einen Bedeutung die Vielfalt ihrer Anwendbarkeit ausschließe." Die Hermeneutik im Einzelnen bleibt dabei so schwierig wie zuvor.

Überhaupt hätte man sich gewünscht, dass die Chicagoerklärungen – bei allem berechtigten Wunsch, über die Flügel der evangelikalen Bewegung hinweg Gemeinsamkeiten zu formulieren – selbstkritisch formuliert hätten, dass sich viele zentrale dogmatische Fragen (wie beispielsweise das Tauf- oder Abendmahlsverständnis oder die Eschatologie) nicht durch ein ‚bibeltreues Bekenntnis' lösen, sondern in der Regel so schwierig bleiben, wie außerhalb eines solchen Bekenntnisses.

Auch die Frage, inwieweit der sog. ‚Kreationismus' für ‚bibeltreue' Christen verbindlich ist, lässt sich etwa allein mit einem ‚bibeltreuen' Bekenntnis nicht beantworten. Zwar geht die Chicagoerklärung von der Zuverlässigkeit der Bibel in naturwissenschaftlichen und historischen Fragen aus (1. Erklärung, Artikel XII), aber solange es exegetisch und literarisch unterschiedliche Auslegungen der einschlägigen Texte in Genesis 1–11 gibt, so lange also nicht konkret und verbindlich zu rekonstruieren ist, was die Texte beschreiben wollen (z. B. wie die Sintflut naturwissenschaftlich ablief), solange wird man auch mit einer großen Bandbreite an ‚bibeltreuen' Sichtweisen von Genesis 1–11 leben müssen.

Auch wenn es also nach 31 bzw. 27 Jahren mancherlei Gründe gäbe, die Chicagoerklärung zu internationalisieren und den starken Veränderungen der internationalen evangelikalen Bewegung anzupassen, wird sie von uns weiter zum Studium und zur Diskussion dargeboten.

Im Gegensatz zu früheren Auflagen, in denen die Chicagoerklärungen als Bekenntnistext mit Erkennungswert für bibeltreue Ausbildungsstätten empfohlen wurden, hat sich gezeigt, dass sie im Detail zu ausführlich ist, um wirklich jeden Dozenten in jedem Halbsatz zu binden. Zudem ist es keiner Übersetzung, auch der vorliegenden nicht, gelungen, einen gewissen verbindlichen Status zu erlangen, so dass verschiedene Übersetzungen kursieren. Die Übersetzung bestimmt aber bei der Materie bisweilen stark, was eigentlich gemeint ist.

Die drei ‚bibeltreuen' Akademien in Basel, Gießen und Bonn/Zürich/Innsbruck im deutschsprachigen Raum setzen inzwischen alle auf kürzere und selbst erarbeitete Bekenntnistexte zur Schriftfrage. Die Chicagoerklärung ist eben selbst nicht unfehlbar und nicht für alle Zwecke geeignet, sondern kann uns nur auf Gott, auf das fleischgewordene Wort Gottes Jesus Christus und auf das von Gottes Geist inspirierte ewige Wort und auf deren Selbstverständnis hinweisen, woraus wir in Demut lernen wollen, wie wir uns dem ewigen Schöpfer und Erlöser nahen und ihm dienen dürfen und können.

3. Zur deutschen Übersetzung

Die hier vorliegende Übersetzung aller drei Erklärungen und der dazugehörigen Einführungen und Kommentare wurde von Thomas Schirrmacher für die erste Auflage neu erstellt und von zahlreichen Theologen gegengelesen, um eine einheitliche Verwendung der Begriffe und eine einheitliche Übersetzung der bisher übersetzten Artikel, Vorworte, Erklärungen und Kommentare des ICBI zu ermöglichen.

Die ersten deutschen Übersetzungen der ersten[6], zweiten[7] und dritten[8] Erklärung wurden seit den 1990er Jahren kaum noch verwendet.

---

[6] Samuel R. Külling. „Das Anliegen des ICBI, die Chicago-Erklärung und wir". *Bibel und Gemeinde* 79 (1979), S. 3–16 (Text S. 6–16) abgedruckt in Joachim Cochlovius, Peter Zimmerling (Hg.). *Arbeitsbuch Hermeneutik*. Geistliches Rüstzentrum: Krelingen 1983. S. 269–279, sowie der erweiterten Aufl. davon: Joachim Cochlovius, Peter Zimmerling (Hg.). *Evangelische Schriftauslegung*. TVG. R. Brockhaus: Wuppertal, 1987. S. 314–322.

[7] „Die Chicago-Erklärung zur biblischen Hermeneutik". *Fundamentum* 2/1983. S. 87–97 (englischer und deutscher Text parallel; ohne die Kommentare und Zusätze des ICBI). Text wieder abgedruckt in Joachim Cochlovius, Peter Zimmerling (Hg.). *Evangelische Schriftauslegung*. a. a. O. S. 322–326.

[8] „Die Chicago-Erklärung zur Biblischen Anwendung". *Fundamentum* 2/1988. S. 54–77 (englischer und deutscher Text parallel; ohne Kommentare und Zusätze) und die Einführung von James I. Packer „Die schriftgemäße Anwendung von Gottes Wort". ebd. S. 46–53.

DER VOLLSTÄNDIGE TEXT DER CHICAGO-ERKLÄRUNGEN MIT EINFÜHRUNGEN UND ERLÄUTERUNGEN DES ICBI

Die Chicago-Erklärung zur Biblischen Irrtumslosigkeit

Vorwort

Die Autorität der Schrift ist für die christliche Kirche in unserer wie in jeder Zeit eine Schlüsselfrage. Wer sich zum Glauben an Jesus Christus als Herrn und Retter bekennt, ist aufgerufen, die Wirklichkeit seiner Jüngerschaft durch demütigen und treuen Gehorsam gegenüber Gottes geschriebenem Wort zu erweisen. In Glauben oder Leben von der Schrift abzuirren, ist Untreue unserem Herrn gegenüber. Die Anerkennung der völligen Wahrheit und Zuverlässigkeit[9] der Heiligen Schrift ist für ein völliges Erfassen und angemessenes Bekenntnis ihrer Autorität unerlässlich[10].

Die folgende Erklärung bekennt[11] erneut diese Irrtumslosigkeit der Schrift, indem sie unser Verständnis davon und unsere Warnung vor ihrer Verwerfung deutlich macht. Wir sind davon überzeugt, dass ihre Verwerfung bedeutet, dass man das Zeugnis Jesu Christi und des Heiligen Geistes übergeht und die Unterwerfung unter die Forderungen von Gottes eigenem Wort verweigert, die doch Kennzeichen wahren christlichen Glaubens sind. Wir sehen es als unsere zeitgemäße Pflicht an, dieses Bekenntnis angesichts des gegenwärtigen Abfalls von der Wahrheit der Irrtumslosigkeit unter unseren Mitchristen und der Missverständnisse dieser Lehre in der Welt als Ganzes abzugeben.

Die Erklärung[12] besteht aus drei Teilen: einer zusammenfassenden Erklärung, den Artikeln des Bekennens und des Verwerfens und aus einer beigefügten Auslegung. Sie wurde im Rahmen einer dreitägigen Beratung in Chicago erarbeitet. Diejenigen, die die zusammenfassen-

---

[9] Oder: Glaubwürdigkeit.
[10] Oder: wesentlich.
[11] Wörtlich: bekräftigt, bestätigt. „to affirm" wird entsprechend dem historischen Gebrauch in deutschen Bekenntnistexten in dieser Übersetzung immer mit „bekennen" wiedergegeben.
[12] Gemeint ist nur die erste der drei Chicago-Erklärungen.

de Erklärung und die Artikel unterschrieben haben, möchten ihre eigene Überzeugung von der Irrtumslosigkeit der Schrift bekennen und sich gegenseitig und alle Christen zu wachsender Annahme und wachsendem Verständnis dieser Lehre ermutigen und herausfordern. Wir wissen um die Grenzen eines Dokuments, das in einer kurzen, intensiven Konferenz erarbeitet wurde und beantragen nicht, ihm das Gewicht eines Glaubensbekenntnisses zu verleihen. Dennoch freuen wir uns darüber, dass sich durch unsere gemeinsamen Diskussionen unsere Überzeugungen vertieft haben und wir beten, dass die Erklärung, die wir unterzeichnet haben, zur Verherrlichung unseres Gottes für eine neue Reformation der Kirche in ihrem Glauben, ihrem Leben und ihrer Mission gebraucht werden möge.

Wir legen diese Erklärung nicht in einem streitsüchtigen Geist vor, sondern in einem Geist der Demut und Liebe, den wir in allen zukünftigen Gesprächen, die aus dem, was wir geäußert haben, entstehen, durch Gottes Gnade beibehalten möchten. Wir anerkennen erfreut, dass viele, die die Irrtumslosigkeit der Schrift verwerfen, die Konsequenzen dieser Verwerfung in ihrem übrigen Glauben und Leben nicht entfalten, und wir sind uns bewusst, dass wir, die wir uns zu dieser Lehre bekennen, sie in unserem Leben oft verwerfen, indem wir darin versagen, unsere Gedanken und Taten, unsere Traditionen und Gewohnheiten in wahre Unterordnung unter das göttliche Wort zu bringen.

Wir laden jeden ein, auf diese Erklärung zu reagieren, der im Lichte der Schrift Gründe dafür sieht, die Bekenntnisse dieser Erklärung über die Schrift zu berichtigen, unter deren unfehlbarer Autorität wir stehen, während wir unser Bekenntnis niederlegen. Wir nehmen für das Zeugnis, das wir weitergeben, keine persönliche Unfehlbarkeit in Anspruch und sind für jeden Beistand dankbar, der uns dazu verhilft, dieses Zeugnis über das Wort Gottes zu stärken.

Zusammenfassende Erklärung[13]

1. Gott, der selbst die Wahrheit ist und nur die Wahrheit spricht, hat die Heilige Schrift inspiriert, um sich damit selbst der verlorenen Menschheit durch Jesus Christus als Schöpfer und Herr, Erlöser und Richter zu offenbaren. Die Heilige Schrift ist Gottes Zeugnis von seiner eigenen Person.

2. Die Heilige Schrift hat als Gottes eigenes Wort, das von Menschen geschrieben wurde, die vom Heiligen Geist zugerüstet und geleitet wurden, in allen Fragen, die sie anspricht, unfehlbare göttliche Autorität: Ihr muss als Gottes Unterweisung in allem geglaubt werden, was sie bekennt; ihr muss als Gottes Gebot gehorcht werden, in allem, was sie fordert; sie muss als Gottes Unterpfand in allem ergriffen werden, was sie verheißt.

3. Der Heilige Geist, der göttliche Autor der Schrift, beglaubigt sie sowohl durch sein inneres Zeugnis, als auch, indem er unseren Verstand erleuchtet, um ihre Botschaft[14] zu verstehen.

4. Da die Schrift vollständig und wörtlich von Gott gegeben wurde, ist sie in allem, was sie lehrt, ohne Irrtum oder Fehler. Dies gilt nicht weniger für das, was sie über Gottes Handeln in der Schöpfung, über die Ereignisse der Weltgeschichte und über ihre eigene literarische Herkunft unter Gott aussagt, als für ihr Zeugnis von Gottes rettender Gnade im Leben Einzelner.

5. Die Autorität der Schrift wird unausweichlich beeinträchtigt, wenn diese völlige göttliche Inspiration in irgendeiner Weise begrenzt oder missachtet oder durch eine Sicht der Wahrheit, die der Sicht der Bibel von sich selbst widerspricht, relativiert wird. Solche Abweichungen führen zu ernsthaften Verlusten sowohl für den Einzelnen, wie auch für die Kirche.

---

[13] Wörtlich: ‚Kurze Erklärung'. Hier wird jedoch die passendere, im Vorwort benutzte Formulierung als Überschrift gebraucht.
[14] Oder: Bedeutung, Inhalt.

Artikel des Bekennens und des Verwerfens

Artikel I

Wir bekennen, dass die Heilige Schrift als das autoritative Wort Gottes anzunehmen ist.

Wir verwerfen die Auffassung, dass die Schrift ihre Autorität von der Kirche, der Tradition oder irgendeiner anderen menschlichen Quelle erhielte.

Artikel II

Wir bekennen, dass die Schrift die höchste schriftliche Norm ist, durch die Gott das Gewissen bindet und dass die Autorität der Kirche derjenigen der Schrift untergeordnet ist.

Wir verwerfen die Auffassung, dass kirchliche Bekenntnisse, Konzilien oder Erklärungen eine höhere oder gleichrangige Autorität gegenüber der Autorität der Bibel hätten.

Artikel III

Wir bekennen, dass das geschriebene Wort in seiner Gesamtheit von Gott gegebene Offenbarung ist.

Wir verwerfen die Auffassung, dass die Bibel lediglich ein Zeugnis von der Offenbarung sei oder nur durch die Begegnung mit ihr Offenbarung werde oder dass sie in ihrer Gültigkeit von einer Antwort des Menschen abhängig sei.

Artikel IV

Wir bekennen, dass Gott, der die Menschheit in seinem Bild geschaffen hat, die Sprache als Mittel seiner Offenbarung benutzt hat.

Wir verwerfen die Auffassung, dass die menschliche Sprache durch unsere Kreatürlichkeit so begrenzt sei, dass sie als Träger göttlicher Offenbarung ungeeignet sei. Wir verwerfen ferner die Auffassung, dass die Verdorbenheit der menschlichen Kultur und Sprache durch Sünde Gottes Werk der Inspiration vereitelt habe.

Artikel V

Wir bekennen, dass Gottes Offenbarung in der Heiligen Schrift eine fortschreitende[15] Offenbarung war.

Wir verwerfen die Auffassung, dass eine spätere Offenbarung, die eine frühere Offenbarung erfüllen mag, diese jemals korrigiere oder ihr widerspräche. Wir verwerfen ferner die Auffassung, dass irgendeine normative Offenbarung seit dem Abschluss des neutestamentlichen Kanons gegeben worden sei.

Artikel VI

Wir bekennen, dass die Schrift als Ganzes und alle ihre Teile bis zu den Worten des Urtextes[16] von Gott durch göttliche Inspiration gegeben wurden.

Wir verwerfen die Auffassung, dass die Inspiration der Schrift in ihrer Ganzheit ohne ihre Teile oder in einigen Teilen ohne ihre Ganzheit recht bekannt werden könne.

Artikel VII

Wir bekennen, dass die Inspiration jenes Werk war, in dem Gott uns durch seinen Geist durch menschliche Schreiber sein Wort gab. Der Ursprung der Schrift ist Gott selbst. Die Art und Weise der göttlichen Inspiration bleibt zum größten Teil ein Geheimnis für uns.

Wir verwerfen die Auffassung, dass Inspiration auf menschliche Einsicht oder einen höheren Bewusstseinszustand irgendeiner Art reduziert werden könne.

Artikel VIII

Wir bekennen, dass Gott in seinem Werk der Inspiration die charakteristischen Persönlichkeiten und literarischen Stile der Schreiber, die er ausgewählt und zugerüstet hatte, benutzte.

Wir verwerfen die Auffassung, dass Gott die Persönlichkeit dieser Schreiber ausgeschaltet habe, als er sie dazu veranlasste, genau die Worte zu gebrauchen, die er ausgewählt hatte.

---

[15] Oder: progressiv.
[16] Oder: des Originales.

Artikel IX

Wir bekennen, dass die Inspiration zwar keine Allwissenheit verlieh, aber wahre und zuverlässige[17] Aussagen über alle Dinge, über welche die biblischen Autoren auf Gottes Veranlassung hin sprachen und schrieben, garantierte.

Wir verwerfen die Auffassung, dass die Begrenztheit oder das Gefallensein dieser Schreiber notwendigerweise oder auf andere Weise Verzerrungen oder Fehler in Gottes Wort eingeführt habe.

Artikel X

Wir bekennen, dass die Inspiration streng genommen nur auf den autographischen Text der Schrift zutrifft, der aber durch die Vorsehung Gottes anhand der zur Verfügung stehenden Handschriften mit großer Genauigkeit ermittelt werden kann. Wir bekennen ferner, dass Abschriften und Übersetzungen der Schrift soweit Gottes Wort sind, als sie das Original getreu wiedergeben.

Wir verwerfen die Auffassung, dass irgendein wesentlicher Bestandteil des christlichen Glaubens von dem Fehlen von Autographen betroffen sei. Wir verwerfen ferner die Ansicht, dass ihr Fehlen die Verteidigung der biblischen Irrtumslosigkeit nichtig oder unerheblich[18] mache.

Artikel XI

Wir bekennen, dass die Schrift unfehlbar ist, da sie durch göttliche Inspiration vermittelt wurde, so dass sie, da sie weit davon entfernt ist, uns irrezuführen, wahr und zuverlässig in allen von ihr angesprochenen Fragen ist.

Wir verwerfen die Auffassung, dass es möglich sei, dass die Bibel zur gleichen Zeit unfehlbar ist und sich in ihren Aussagen irrt. Unfehlbarkeit und Irrtumslosigkeit dürfen unterschieden, nicht aber voneinander getrennt werden.

---

[17] Oder: glaubwürdige.
[18] Oder: irrelevant.

Artikel XII

Wir bekennen, dass die Schrift in ihrer Gesamtheit irrtumslos und damit frei von Fehlern, Fälschungen oder Täuschungen ist.

Wir verwerfen die Auffassung, dass sich die biblische Unfehlbarkeit und Irrtumslosigkeit auf geistliche, religiöse oder die Erlösung betreffende Themen beschränke und Aussagen im Bereich der Geschichte und Naturwissenschaft davon ausgenommen seien. Wir verwerfen ferner die Ansicht, dass wissenschaftliche Hypothesen über die Erdgeschichte mit Recht dazu benutzt werden dürften, die Lehre der Schrift über Schöpfung und Sintflut umzustoßen.

Artikel XIII

Wir bekennen, dass es angemessen ist, Irrtumslosigkeit als theologischen Begriff für die vollständige Zuverlässigkeit[19] der Schrift zu gebrauchen.

Wir verwerfen die Auffassung, dass es angemessen sei, die Schrift anhand von Maßstäben für Wahrheit und Irrtum zu messen, die ihrem Gebrauch und ihrem Zweck fremd sind. Wir verwerfen ferner, dass die Irrtumslosigkeit von biblischen Phänomenen, wie dem Fehlen moderner technischer Präzision, Unregelmäßigkeiten der Grammatik oder der Orthographie, Beschreibung der Natur nach der Beobachtung, Berichte über Unwahrheiten, dem Gebrauch von Übertreibungen oder gerundeten Zahlen, thematischer Anordnung des Stoffes, unterschiedlicher Auswahl des Materials in Parallelberichten oder der Verwendung freier Zitate, in Frage gestellt werde.

Artikel XIV

Wir bekennen die Einheit und innere Übereinstimmung der Schrift.

Wir verwerfen die Auffassung, dass angebliche Fehler und Widersprüche, die bis jetzt noch nicht gelöst wurden, den Wahrheitsanspruch der Bibel hinfällig machen würden.

---

[19] Oder: Glaubwürdigkeit.

Artikel XV

Wir bekennen, dass die Lehre von der Irrtumslosigkeit in der Lehre der Bibel über die Inspiration gegründet ist.

Wir verwerfen die Auffassung, dass man die Lehre Jesu über die Schrift mit dem Hinweis auf eine Anpassung [an die Hörer] oder auf irgendeine natürliche Begrenztheit seines Menschseins abtun könne.

Artikel XVI

Wir bekennen, dass die Lehre von der Irrtumslosigkeit ein integraler Bestandteil des Glaubens der Kirche in ihrer Geschichte war.

Wir verwerfen die Auffassung, dass die Irrtumslosigkeit eine Lehre sei, die der scholastische Protestantismus erfand oder eine reaktionäre Position sei, die als Reaktion auf die negative Bibelkritik[20] postuliert wurde.

Artikel XVII

Wir bekennen, dass der Heilige Geist Zeugnis für die Schrift ablegt und den Gläubigen die Zuverlässigkeit[21] des geschriebenen Wort Gottes versichert.

Wir verwerfen die Auffassung, dass dieses Zeugnis des Heiligen Geistes von der Schrift isoliert sei oder gegen die Schrift wirke.

Artikel XVIII

Wir bekennen, dass der Text der Schrift durch grammatisch-historische Exegese auszulegen ist, die die literarischen Formen und Wendungen berücksichtigt, und dass die Schrift die Schrift auslegt.

Wir verwerfen die Berechtigung jeder Behandlung des Textes und jeder Suche nach hinter dem Text liegenden Quellen, die dazu führen, dass seine Lehren relativiert, für ungeschichtlich gehalten oder verworfen oder seine Angaben zur Autorschaft abgelehnt werden.

---

[20] Englisch: negative higher criticism.
[21] Oder: Glaubwürdigkeit.

Artikel XIX

Wir bekennen, dass ein Bekenntnis der völligen Autorität, Unfehlbarkeit und Irrtumslosigkeit der Schrift für ein gesundes Verständnis des ganzen christlichen Glaubens lebenswichtig ist. Wir bekennen ferner, dass solch ein Bekenntnis dazu führen sollte, dass wir dem Bild Christi immer ähnlicher werden.

Wir verwerfen die Auffassung, dass ein solches Bekenntnis zum Heil notwendig sei. Wir verwerfen jedoch darüber hinaus auch die Auffassung, dass die Irrtumslosigkeit ohne schwerwiegende Konsequenzen, sowohl für den Einzelnen, als auch für die Kirche, verworfen werden könne.

Kommentar

Unser Verständnis der Lehre von der Irrtumslosigkeit muss in den größeren Zusammenhang der umfassenderen Lehre der Schrift über sich selbst gestellt werden. Dieser Kommentar legt Rechenschaft von den Grundlagen der Lehren ab, aus denen die zusammenfassende Erklärung und die Artikel gewonnen wurden.

Schöpfung, Offenbarung und Inspiration

Der dreieinige Gott, der alle Dinge durch sein Schöpferwort bildete und alle Dinge nach seinem Ratschluss regiert, schuf die Menschheit zu seinem eigenen Bilde für ein Leben in Gemeinschaft mit ihm nach dem Vorbild der ewigen Gemeinschaft der von Liebe bestimmten Verbindung innerhalb der Gottheit selbst. Als Träger der Ebenbildlichkeit Gottes sollte der Mensch Gottes Wort, das an ihn gerichtet war, hören und in der Freude anbetenden Gehorsams darauf antworten. Über[22] Gottes Mitteilung seiner selbst in der geschaffenen Ordnung und in der Abfolge der Ereignisse in ihr hinaus haben Menschen von Adam an verbale Botschaften von Gott empfangen, und zwar entweder direkt, wie in der Schrift ausgesagt, oder indirekt in Form eines Teiles oder der Ganzheit der Schrift.

---

[22] Englisch: over and above, d. h. die verbale Offenbarung geht über die natürliche hinaus und ist sogleich größer und wichtiger.

Als Adam sündigte, überließ der Schöpfer die Menschheit nicht dem endgültigen Gericht, sondern verhieß das Heil und begann, sich selbst in einer Folge von historischen Ereignissen als Erlöser zu offenbaren, deren Zentrum Abrahams Familie war und die ihren Höhepunkt in Leben, Tod, Auferstehung, gegenwärtigem himmlischem Dienst und verheißener Rückkehr Jesu Christi fanden. Innerhalb dieses Rahmens hat Gott von Zeit zu Zeit besondere Worte des Gerichts und der Gnade, der Verheißung und des Gebots zu sündigen Menschen gesprochen, um sie in eine Bundesbeziehung der gegenseitigen Verpflichtung zwischen ihm und ihnen hineinzunehmen, in der er sie mit Gaben der Gnade segnet und sie ihn als Antwort darauf preisen[23]. Mose, den Gott als Mittler gebrauchte, um sein Wort zur Zeit des Auszugs seinem Volk zu überbringen, steht am Beginn einer langen Reihe von Propheten, in deren Mund und Schrift Gott sein Wort legte, um es an Israel weiterzugeben. Gottes Absicht mit dieser Abfolge von Botschaften war es, seinen Bund zu erhalten, indem er sein Volk veranlasste, seinen Namen, das heißt sein Wesen, und seinen Willen in seinen Geboten und seinen Zielen für die Gegenwart und die Zukunft kennenzulernen. Diese Linie der prophetischen Sprecher Gottes fand ihren Abschluss in Jesus Christus, dem fleischgewordenen Wort Gottes, der selbst ein Prophet, mehr als ein Prophet, aber nicht weniger als ein Prophet war, und in den Aposteln und Propheten der ersten christlichen Generation. Als Gottes endgültige und auf den Höhepunkt zulaufende Botschaft, sein Wort an die Welt bezüglich Jesus Christus, gesprochen und von den Männern des apostolischen Kreises erläutert worden war, endete die Abfolge der Offenbarungsbotschaften. Von da an sollte die Kirche durch das von Gott bereits für alle Zeit Gesagte leben und Gott erkennen.

Am Sinai schrieb Gott die Bedingungen seines Bundes als sein beständiges Zeugnis auf Steintafeln, damit es stets verfügbar sei. Auch während der Zeit der prophetischen und apostolischen Offenbarung veranlasste er Menschen, die Botschaft, die er ihnen und durch sie gab, zusammen mit feierlichen Berichten über sein Handeln mit seinem Volk, ethischen Betrachtungen über das Leben in seinem Bund und Formen des Lobpreises und der Gebete für die Bundesgnade, aufzuschreiben. Die theologische Wirklichkeit der Inspiration bei der

---

[23] Im Englischen steht wie im Hebräischen für ‚segnen' und ‚preisen' dasselbe Wort (engl. to bless).

Entstehung der biblischen Dokumente entspricht der Inspiration der gesprochenen Prophetien: Obwohl die Persönlichkeit der menschlichen Schreiber in dem zum Ausdruck kommt, was sie schrieben, wurden die Worte doch von Gott festgelegt. Deswegen gilt, dass das, was die Schrift sagt, Gott sagt. Ihre Autorität ist seine Autorität, denn er ist ihr letztendlicher Autor, der sie durch den Geist und die Worte von auserwählten und zugerüsteten Menschen übermittelte, die in Freiheit und Treue „von Gott redeten, getrieben vom Heiligen Geist" (2Petr 1,21). Die Heilige Schrift muss Kraft ihres göttlichen Ursprungs als Gottes Wort anerkannt werden.

Autorität: Christus und die Bibel

Jesus Christus, der Sohn Gottes, der das fleischgewordene Wort, unser Prophet, Priester und König ist, ist der höchste Mittler der Botschaften und der Gnadengaben Gottes an den Menschen. Die von ihm gegebene Offenbarung bestand nicht nur aus Worten, da er ebenso in seiner Gegenwart und seinen Taten den Vater offenbarte. Dennoch waren seine Worte von entscheidender Bedeutung, da er Gott war, vom Vater her sprach und weil seine Worte alle Menschen am letzten Tag richten werden.

Als der geweissagte Messias ist Jesus Christus das zentrale Thema der Schrift. Das Alte Testament sah ihm entgegen, das Neue Testament schaut auf sein erstes Kommen zurück und seinem zweiten Kommen entgegen. Die kanonische Schrift ist das göttlich inspirierte und deswegen normative Zeugnis von Christus. Aus diesem Grund kann keine Hermeneutik, in der der historische Christus nicht der Brennpunkt ist, akzeptiert werden. Die Heilige Schrift muss als das behandelt werden, was sie wesentlich ist, nämlich das Zeugnis des Vaters von seinem fleischgewordenen Sohn.

Es ist zu erkennen, dass der alttestamentliche Kanon zur Zeit Jesu feststand. Der neutestamentliche Kanon ist heute gleichermaßen abgeschlossen, und zwar deswegen, weil heute kein neues apostolisches Zeugnis vom historischen Jesus mehr abgelegt werden kann. Bis zur Wiederkunft Christi wird keine neue Offenbarung, (die vom geistgewirkten Verstehen der bereits vorhandenen Offenbarung zu unterscheiden ist), mehr gegeben werden. Der Kanon wurde prinzipiell durch die göttliche Inspiration geschaffen. Die Aufgabe der Kirche war es nicht, einen eigenen Kanon aufzustellen, sondern den Kanon, den Gott geschaffen hatte, festzustellen.

Der Begriff *Kanon* bezeichnet eine Richtschnur oder Norm und weist auf Autorität hin, also auf das Recht, zu herrschen und zu gebieten. Im Christentum gehört die Autorität Gott in seiner Offenbarung, was einerseits Jesus Christus, das lebendige Wort, andererseits die Heilige Schrift, das geschriebene Wort, meint. Die Autorität Christi und die der Schrift sind jedoch eins. Als unser Prophet hat Christus bezeugt, dass die Schrift nicht zerrissen werden kann. Als unser Priester und König widmete er sein irdisches Leben der Erfüllung des Gesetzes und der Propheten und starb sogar im Gehorsam gegen die Worte der messianischen Weissagungen. So wie er die Schrift als Beglaubigung für sich und seine Autorität sah, beglaubigte er durch seine eigene Unterordnung unter die Schrift ihre Autorität. So wie er sich unter die in seiner Bibel (unserem Alten Testament) gegebenen Weisungen seines Vater beugte, erwartete er dies auch von seinen Jüngern, nicht jedoch isoliert vom apostolischen Zeugnis über ihn selbst, sondern im Einklang mit diesem, dessen Inspiration er durch seine Gabe des Heiligen Geistes bewirkte. Christen erweisen sich somit dadurch als treue Diener ihres Herrn, dass sie sich unter die göttlichen Anweisungen in den prophetischen und apostolischen Schriften, die zusammengenommen unsere Bibel ausmachen, beugen.

Indem Christus und die Schrift sich gegenseitig ihre Autorität beglaubigen, verschmelzen sie zu einer einzigen Quelle der Autorität. Von diesem Standpunkt aus sind der biblisch interpretierte Christus und die Bibel, welche Christus in den Mittelpunkt stellt und ihn verkündigt, eins. So wie wir aus der Tatsache der Inspiration schließen, dass das, was die Schrift sagt, Gott sagt, können wir aufgrund der offenbarten Beziehungen ebenso bekennen, dass das, was die Schrift sagt, Christus sagt.

Unfehlbarkeit, Irrtumslosigkeit, Auslegung

Es ist angemessen, die Heilige Schrift als das inspirierte Wort Gottes, das autoritativ von Jesus Christus zeugt, als *unfehlbar* und *irrtumslos* zu bezeichnen. Diese negativen Ausdrücke sind von besonderem Wert, weil sie ausdrücklich positive Wahrheiten sichern.

Der Begriff *unfehlbar* bezieht sich auf die Qualität, also dass etwas weder in die Irre führt, noch irregeleitet ist und schützt so kategorisch die Wahrheit, und dass die Heilige Schrift ein gewisser, sicherer und zuverlässiger Grundsatz und eine Richtschnur in allen Dingen ist.

In ähnlicher Weise bezeichnet der Begriff *irrtumslos* die Qualität, also dass etwas frei von allen Unwahrheiten oder Fehlern ist, und schützt so die Wahrheit, und dass die Heilige Schrift in allen ihren Aussagen vollständig wahr und zuverlässig ist.

Wir bekräftigen, dass die kanonische Schrift immer auf der Grundlage ihrer Unfehlbarkeit und Irrtumslosigkeit ausgelegt werden sollte. Wenn wir jedoch feststellen wollen, was der von Gott unterwiesene Schreiber in jedem Abschnitt aussagt, müssen wir dem Anspruch der Schrift und ihrem Charakter als menschlichem Erzeugnis die größtmögliche Aufmerksamkeit widmen. Gott gebrauchte in der Inspiration die Kultur und die Gebräuche der Umwelt des Schreibers, eine Umwelt, über die Gott in seiner souveränen Vorsehung Herr ist. Etwas anderes anzunehmen, heißt falsch auszulegen.

So muss Geschichte als Geschichte behandelt werden, Dichtung als Dichtung, Hyperbel[24] und Metapher[25] als Hyperbel und Metapher, Verallgemeinerungen und Annäherungen[26] als das, was sie sind etc. Unterschiede zwischen den literarischen Konventionen in biblischen Zeiten und in unserer Zeit müssen ebenfalls beachtet werden: Wenn zum Beispiel nichtchronologische Erzählungen und ungenaue Zitierweise damals üblich und akzeptabel waren und den Erwartungen in jenen Tagen nicht widersprachen, dürfen wir diese Dinge nicht als Fehler ansehen, wenn wir sie bei den biblischen Schreibern finden. Wenn eine bestimmte, vollständige Präzision nicht erwartet oder angestrebt wurde, ist es kein Irrtum, wenn sie nicht erreicht worden ist. Die Schrift ist irrtumslos, aber nicht im Sinne einer absoluten Präzision nach modernem Standard, sondern in dem Sinne, dass sie ihre eigenen Ansprüche erfüllt und jenes Maß an konzentrierter Wahrheit erreicht, das seine Autoren beabsichtigten.

Die Wahrhaftigkeit der Schrift wird nicht dadurch unwirksam gemacht, dass sie Unregelmäßigkeiten der Grammatik oder der Rechtschreibung, beobachtende Beschreibungen der Natur, Berichte von

---

[24] D. h. Übertreibung (zum Zweck der Verdeutlichung).
[25] D. h. bildlicher und übertragener Ausdruck.
[26] D. h. etwa durch Auf- und Abrunden von Zahlen.

falschen Aussagen (zum Beispiel der Lügen Satans) oder scheinbare Widersprüche zwischen zwei Abschnitten enthält. Es ist nicht recht, das äußere Erscheinungsbild der Schrift der Lehre der Schrift über sich selbst entgegenzustellen. Augenscheinliche Unstimmigkeiten sollten nicht ignoriert werden. Lösungen dafür, wenn sie auf überzeugende Art gefunden werden können, werden unseren Glauben stärken. Wo im Moment keine überzeugende Lösung zur Hand ist, sollen wir Gott in besonderer Weise ehren, indem wir seiner Zusicherung vertrauen, dass sein Wort trotz dieser Erscheinungen wahr ist und indem wir das Vertrauen festhalten, dass diese Unstimmigkeiten sich eines Tages als Täuschungen erweisen werden.

Insofern die ganze Schrift nur einem einzigen göttlichen Geist[27] entspringt, muss sich die Auslegung innerhalb der Grenzen der Analogie der Schrift halten und Hypothesen meiden, die einen biblischen Abschnitt mit Hilfe eines anderen korrigieren, ganz gleich, ob dies im Namen der fortschreitenden Offenbarung oder mit Hinweis auf die unvollkommene Erleuchtung des Denkens der inspirierten Schreiber geschieht.

Obwohl die Heilige Schrift nirgends in dem Sinne kulturgebunden ist, dass ihre Lehren keine universale Gültigkeit besitzen, ist sie doch manchmal von den Bräuchen und den traditionellen Anschauungen einer bestimmten Zeit geprägt, so dass die Anwendung ihrer Prinzipien heute eine andere Handlungsweise erfordert.

Skeptizismus und Kritizismus

Seit der Renaissance und insbesondere seit der Aufklärung wurden Weltanschauungen entwickelt, die Skeptizismus gegenüber grundlegenden christlichen Wahrheiten beinhalten; so etwa der Agnostizismus, der die Erkennbarkeit Gottes leugnet, der Rationalismus, der die Unbegreiflichkeit Gottes leugnet, der Idealismus, der die Transzendenz Gottes leugnet und der Existentialismus, der jede Rationalität in Gottes Beziehung zu uns leugnet. Wenn diese un- und antibiblischen Prinzipien auf der Ebene der Denkvoraussetzungen in die Theologien von Menschen eindringen, was sie heute häufig tun, wird eine zuverlässige[28] Auslegung der Heiligen Schrift unmöglich.

---

[27] Oder: Verstand.
[28] Oder: gewissenhafte.

Überlieferung und Übersetzung

Da Gott nirgends eine unfehlbare Überlieferung der Schrift verheißen hat, müssen wir betonen, dass nur der autographische[29] Text der Originaldokumente inspiriert ist und an der Notwendigkeit der Textkritik festzuhalten ist, als Mittel zum Aufdecken von Schreibfehlern, die sich im Laufe der Textüberlieferung in den Text eingeschlichen haben könnten. Das Urteil dieser Wissenschaft lautet jedoch folgendermaßen: Es stellte sich heraus, dass der hebräische und griechische Text erstaunlich gut erhalten ist, so dass wir mit gutem Recht mit dem Westminster-Bekenntnis die einzigartige Vorsehung Gottes in dieser Frage bekräftigen können und erklären, dass die Autorität der Schrift in keiner Weise durch die Tatsache, dass die Abschriften nicht völlig ohne Fehler sind, in Frage gestellt wird.

In ähnlicher Weise ist keine Übersetzung vollkommen und kann es nicht sein; alle Übersetzungen sind ein zusätzlicher Schritt fort von den *Autographen*. Die Sprachwissenschaft urteilt jedoch, dass zumindest Englisch sprechende Christen[30] in diesen Tagen mit einer großen Zahl von ausgezeichneten Übersetzungen außerordentlich gut versorgt sind und ohne Zögern davon ausgehen können, dass das wahre Wort Gottes für sie erreichbar ist. Angesichts der häufigen Wiederholung der wesentlichen Themen in der Schrift, mit denen sie sich beschäftigt und auch aufgrund des ständigen Zeugnisses des Heiligen Geistes für und durch das Wort wird keine ernsthafte Übersetzung der Heiligen Schrift ihre Bedeutung so zerstören, dass sie unfähig wäre, ihre Leser „weise zum Heil durch den Glauben an Christus Jesus zu machen" (2Tim 3,15).

Irrtumslosigkeit und Autorität

Mit unserer Bekräftigung der Autorität der Schrift, die ihre völlige Wahrheit einschließt, stehen wir bewusst mit Christus und seinen Aposteln, ja mit der ganzen Bibel und dem Hauptstrom der Kirchengeschichte von der ersten Zeit bis in die jüngste Vergangenheit in Einklang. Wir sind davon betroffen, mit welcher Gleichgültigkeit, Unacht-

---

[29] Oder: urschriftliche.
[30] Entsprechendes gilt natürlich für die deutsche Sprache.

samkeit und scheinbaren Gedankenlosigkeit in unseren Tagen von so vielen ein Glaube mit solch weitreichender Bedeutung aufgegeben wird.

Wir sind uns auch der großen und schwerwiegenden Verwirrung bewusst, die die Folge davon ist, wenn man aufhört, die ganze Wahrheit der Schrift festzuhalten, deren Autorität man anzuerkennen erklärt. Die Folgen dieses Schrittes sind, dass die Bibel, die Gott gab, ihre Autorität verliert und was statt dessen Autorität hat, ist eine Bibel, die in ihrem Inhalt nach den Forderungen des eigenen kritischen Denkens reduziert wurde und prinzipiell immer weiter reduziert werden kann, wenn man erst einmal damit angefangen hat. Das bedeutet, dass nun im Grunde die Vernunft im Gegensatz zur biblischen Lehre die Autorität hat. Wenn man dies nicht erkennt, und wenn man für den Moment noch grundlegende evangelische[31] Lehren festhält, mögen solche, die die volle Wahrheit der Schrift verwerfen, immer noch eine evangelische Identität in Anspruch nehmen. Methodisch gesehen haben sie sich jedoch längst von dem evangelischen Prinzip der Erkenntnis hin zu einem unsicheren Subjektivismus entfernt, und es wird ihnen schwer fallen, sich nicht noch weiter davon zu entfernen.

Wir bekennen, dass das, was die Schrift sagt, Gott sagt. Ihm gebührt alle Ehre. Amen, ja Amen.

DIE CHICAGO-ERKLÄRUNG ZUR BIBLISCHEN HERMENEUTIK

Die erste Konferenz des Internationalen Rates für biblische Irrtumslosigkeit fand vom 26. bis 28. Oktober 1978 in Chicago mit dem Ziel statt, die Lehre von der Irrtumslosigkeit der Schrift erneut zu bekennen, ihr Verständnis zu klären und vor ihrer Verwerfung zu warnen. In den sieben Jahren seit der ersten Konferenz hat Gott diese Anstrengungen auf Wegen, die die meisten Erwartungen übertrafen, gesegnet.

---

[31] Oder: evangelikale (so auch im folgenden Text, da Engl. ‚evangelical' evangelikal und evangelisch bedeuten kann.).

Sowohl eine erfreuliche Reihe von hilfreicher Literatur über die Lehre der Irrtumslosigkeit als auch eine zunehmende Verpflichtung auf ihren Wert geben uns Grund, unseren Gott zu lobpreisen.

Die Arbeit der ersten Konferenz war kaum abgeschlossen, als deutlich wurde, dass es noch eine andere wichtige Aufgabe gab, die in Angriff genommen werden musste. Während wir anerkennen, dass der Glaube an die Unfehlbarkeit der Schrift für das Festhalten an ihrer Autorität grundlegend ist, wird doch der Wert dieser Verpflichtung nur so weit Wirklichkeit, wie das jeweilige Verständnis der Bedeutung[32] der Schrift reicht. Daher war die zweite Konferenz notwendig. Zwei Jahre lang wurden Pläne gemacht und Arbeitspapiere zu den Themen, die hermeneutische Prinzipien und die hermeneutische Praxis betreffen, verfasst. Der Höhepunkt dieser Bemühungen war eine Konferenz in Chicago vom 10. bis 13. November 1982, an dem wir, die Unterzeichnenden, teilgenommen haben.

In ähnlicher Form wie in der Chicago-Erklärung von 1978 unterbreiten wir diese Artikel des Bekennens und Verwerfens als Ausdruck der Ergebnisse unserer Bemühungen, hermeneutische Probleme und Prinzipien zu klären. Wir beanspruchen keine Vollständigkeit oder systematische Darstellung des gesamten Themas. Diese Artikel des Bekennens und Verwerfens stellen jedoch den Konsens von etwa 100 Teilnehmern und Beobachtern dar, die bei dieser Konferenz zusammen waren. Die Beteiligung an diesem Gespräch hat unseren Horizont erweitert, und es ist unser Gebet, dass Gott dieses Ergebnis unserer sorgfältigen Bemühungen benutzt, um uns und andere zu befähigen, mit dem Wort der Wahrheit korrekter umzugehen (2Tim 2,15).

Artikel des Bekennens und des Verwerfens

Artikel I

Wir bekennen, dass die normative Autorität der Heiligen Schrift die Autorität Gottes selbst ist und dass sie von Jesus Christus, dem Herrn der Kirche, bestätigt wird.

---

[32] Gemeint ist der Inhalt bzw. die Botschaft.

Wir verwerfen die Berechtigung dafür, die Autorität Christi von der Autorität der Schrift zu trennen oder die eine der anderen entgegenzustellen.

Artikel II

Wir bekennen, dass so, wie Christus Gott und Mensch in einer Person ist, die Schrift unteilbar Gottes Wort in menschlicher Sprache ist.

Wir verwerfen die Auffassung, dass die bescheidene, menschliche Form der Schrift Fehlerhaftigkeit mit sich bringe, ebenso wenig wie ja auch die Menschlichkeit Christi selbst in seiner Erniedrigung Sünde mit sich brachte.

Artikel III

Wir bekennen, dass die Person und das Werk Jesu Christi das Zentrum der gesamten Bibel sind.

Wir verwerfen die Auffassung, dass irgendeine Auslegungsmethode, die den christozentrischen Charakter der Schrift verwirft oder verdunkelt, richtig sei.

Artikel IV

Wir bekennen, dass der Heilige Geist, der die Schrift inspirierte, heute durch sie handelt, um Glauben an ihre Botschaft zu wirken.

Wir verwerfen die Auffassung, dass der Heilige Geist jemals einen Menschen etwas lehre, was der Lehre der Schrift widerspricht.

Artikel V

Wir bekennen, dass der Heilige Geist Gläubige befähigt, sich die Schrift für ihr Leben anzueignen und darauf anzuwenden.

Wir verwerfen die Auffassung, dass der natürliche Mensch unabhängig vom Heiligen Geist in der Lage sei, die biblische Botschaft geistlich zu beurteilen.

Artikel VI

Wir bekennen, dass die Bibel Gottes Wahrheit auf sprachlichem Weg ausdrückt, und wir bekennen, dass die biblische Wahrheit sowohl objektiv als auch absolut ist. Wir bekennen ferner, dass eine Aussage wahr ist, wenn sie Dinge so darstellt, wie sie wirklich sind, aber falsch ist, wenn sie die Fakten falsch darstellt.

Wir verwerfen die Auffassung, dass, da die Schrift uns weise zum Heil machen kann, biblische Wahrheit (ausschließlich) im Sinne dieser Funktion definiert werden sollte. Wir verwerfen ferner die Auffassung, dass Irrtum (ausschließlich) als vorsätzliche Irreführung definiert werden sollte.

Artikel VII

Wir bekennen, dass die Bedeutung, die in jedem biblischen Text ausgedrückt wird, eine einzige, bestimmte und unabänderliche Bedeutung ist.

Wir verwerfen die Auffassung, dass die Anerkennung dieser einen Bedeutung die Vielfalt ihrer Anwendbarkeit ausschließe.

Artikel VIII

Wir bekennen, dass die Bibel Lehren und Forderungen enthält, die auf alle Kulturen und Situationen[33] anzuwenden sind, und andere Forderungen, von denen die Bibel selbst deutlich macht, dass sie nur auf bestimmte Situationen zutreffen.

Wir verwerfen die Auffassung, dass die Unterscheidung zwischen allgemeingültigen und besonderen Forderungen der Schrift aufgrund von kulturellen und situationsbedingten Faktoren vorgenommen werden könne. Wir verwerfen ferner die Auffassung, dass die allgemeingültigen Forderungen jemals als kulturell oder situationsbedingt relativiert werden dürfen.

---

[33] Oder: Kontexte.

Artikel IX

Wir bekennen, dass der Begriff Hermeneutik, der in der Geschichte die Regeln der Exegese bezeichnet, berechtigterweise auf alles ausgedehnt werden kann, was zum Verstehen der Bedeutung der biblischen Offenbarung und ihrer Konsequenzen für unser Leben gehört.

Wir verwerfen die Auffassung, dass sich die Botschaft der Schrift aus dem Verständnis des Auslegers ableiten ließe oder davon bestimmt werde. Deswegen verwerfen wir die Auffassung, dass die Horizonte des biblischen Schreibers und des Auslegers zu Recht soweit verschmelzen dürften, dass das, was der Text dem Ausleger mitteilt, nicht mehr letztlich von der zum Ausdruck gebrachten Bedeutung der Schrift beherrscht wird.

Artikel X

Wir bekennen, dass die Schrift uns Gottes Wahrheit in Worten in einer großen Vielfalt von literarischen Formen weitergibt.

Wir verwerfen die Auffassung, dass durch die Beschränkungen der menschlichen Sprache die Schrift für die Vermittlung der Botschaft Gottes unzulänglich werde.

Artikel XI

Wir bekennen, dass Übersetzungen des Textes der Schrift die Erkenntnis Gottes über alle zeitlichen und kulturellen Grenzen hinweg vermitteln können.

Wir verwerfen die Auffassung, dass die Bedeutung der biblischen Texte so eng mit der Kultur, der sie entstammen, verbunden seien, dass ein Verstehen derselben Bedeutung in anderen Kulturen unmöglich sei.

Artikel XII

Wir bekennen, dass bei der Aufgabe, die Bibel zu übersetzen und sie im Kontext jeder Kultur zu lehren, nur solche funktionellen Äquivalente verwendet werden sollten, die dem Inhalt der biblischen Lehre getreu entsprechen.

Wir verwerfen die Berechtigung von Methoden, die entweder die Erfordernisse der interkulturellen Kommunikation nicht berücksichtigen oder den Sinn des Bibeltextes im Verlauf ihrer Anwendung verdrehen.

Artikel XIII

Wir bekennen, dass ein Bewusstsein für die literarischen Kategorien der verschiedenen Teile der Schrift in Form und Stil für die rechte Exegese wichtig ist, und deswegen schätzen wir die Erforschung dieser Gattungen als eine der vielen Disziplinen des Bibelstudiums.

Wir verwerfen die Auffassung, dass Gattungskategorien, die die Geschichtlichkeit verneinen, zu Recht auf biblische Erzählungen angewandt werden dürfen, die sich selbst als Tatsachenberichte darstellen.

Artikel XIV

Wir bekennen, dass die biblischen Berichte über Ereignisse, Reden und Aussprüche, auch wenn sie in einer Vielfalt von geeigneten literarischen Formen dargeboten werden, mit den geschichtlichen Tatsachen übereinstimmen.

Wir verwerfen die Auffassung, dass irgendwelche Ereignisse, Reden oder Aussprüche, die in der Schrift berichtet werden, von den biblischen Schreibern oder von den Überlieferungen, die sie einbezogen, erfunden worden seien.

Artikel XV

Wir bekennen, dass es notwendig ist, die Bibel entsprechend ihres wörtlichen, also normalen Sinnes auszulegen. Der wörtliche Sinn ist der grammatisch-historische Sinn, das heißt, die Bedeutung, der der Schreiber Ausdruck verlieh. Die Auslegung entsprechend dem wörtlichen Sinn trägt Redewendungen und literarischen Formen, die sich im Text finden, Rechnung.

Wir verwerfen die Berechtigung jedes Zugangs zur Schrift, der ihr Bedeutungen zuweist, die der wörtliche Sinn nicht unterstützt.

Artikel XVI

Wir bekennen, dass zulässige Forschungsmethoden verwendet werden sollten, um den kanonischen Text und seine Bedeutung zu ermitteln.

Wir verwerfen die Auffassung, dass es gerechtfertigt sei, irgendeiner Methode der Erforschung der Bibel zu gestatten, die Wahrheit oder Unversehrtheit der vom Schreiber ausgedrückten Bedeutung oder irgendeiner anderen Lehre der Schrift in Frage zu stellen.

Artikel XVII

Wir bekennen die Einheit, Harmonie und innere Übereinstimmung der Schrift und erklären, dass sie selbst ihr eigener, bester Ausleger ist.

Wir verwerfen die Auffassung, dass die Schrift so ausgelegt werden dürfe, dass dadurch der Eindruck entsteht, ein Abschnitt korrigiere einen anderen oder spreche gegen ihn. Wir verwerfen die Auffassung, dass spätere Schreiber der Schrift ältere Abschnitte der Schrift falsch ausgelegt hätten, wenn sie diese zitierten oder sich auf sie bezogen.

Artikel XVIII

Wir bekennen, dass die Auslegung von Bibelstellen innerhalb anderer Bibelstellen immer richtig ist und niemals von der einen Bedeutung des inspirierten Textes abweicht, sondern diese vielmehr erläutert. Die eine Bedeutung der Worte eines Propheten schließt das Verständnis dieser Worte durch den Propheten ein, aber ist nicht auf dieses beschränkt. Diese Bedeutung enthält notwendigerweise die Absicht Gottes, die sich in der Erfüllung dieser Worte erweist.

Wir verwerfen die Auffassung, dass die Schreiber der Bibel immer die vollen Konsequenzen ihrer eigenen Worte verstanden hätten.

Artikel XIX

Wir bekennen, dass jedes Vorverständnis, das der Ausleger an die Schrift heranträgt, im Einklang mit der Lehre der Schrift stehen und ihr zwecks Korrektur unterworfen sein sollte.

Wir verwerfen die Auffassung, dass von der Schrift erwartet werden müsse, dass sie sich fremden Vorverständnissen fügt, die mit ihr unvereinbar sind, wie Naturalismus, Evolutionismus, Wissenschaftsgläubigkeit, säkularer Humanismus oder Relativismus.

Artikel XX

Wir bekennen, dass, weil Gott der Autor aller Wahrheit ist, alle Wahrheiten, biblische wie außerbiblische, übereinstimmend und zusammenhängend sind, und dass die Bibel die Wahrheit spricht, wenn sie auf Fragen, die Natur, Geschichte oder irgend etwas anderes betreffen, zu sprechen kommt. Wir bekennen ferner, dass in einigen Fällen außerbiblische Angaben wertvoll zur Klärung dessen sind, was die Schrift lehrt und um falsche Auslegungen korrigieren zu können.

Wir verwerfen die Auffassung, dass außerbiblische Ansichten jemals die Lehren der Schrift widerlegen oder Priorität über sie besitzen könnten.

Artikel XXI

Wir bekennen, dass zwischen der speziellen und der allgemeinen Offenbarung Harmonie besteht und daher auch zwischen der biblischen Lehre und den die Natur betreffenden Tatsachen.

Wir verwerfen die Auffassung, dass irgendwelche wirklich wissenschaftlichen Fakten mit der wahren Bedeutung irgendeines biblischen Textes unvereinbar seien.

Artikel XXII

Wir bekennen, dass 1. Mose 1–11 ebenso ein Tatsachenbericht ist wie der Rest des Buches.

Wir verwerfen die Auffassungen, dass die Lehren von 1. Mose 1–11 mythisch seien oder dass man sich auf wissenschaftliche Hypothesen über die Erdgeschichte oder den Ursprung der Menschheit berufen dürfe, um das, was die Schrift über die Schöpfung lehrt, umzustoßen.

Artikel XXIII

Wir bekennen die Klarheit der Schrift und besonders die Klarheit ihrer Botschaft über die Errettung von der Sünde.

Wir verwerfen die Auffassung, dass alle Abschnitte der Schrift gleichermaßen klar seien oder von gleicher Bedeutung für die Botschaft von der Erlösung seien.

Artikel XXIV

Wir bekennen, dass ein Mensch für das Verstehen der Schrift nicht von dem Urteil von Bibelwissenschaftlern abhängig ist.

Wir verwerfen die Auffassung, dass ein Mensch die Früchte des fachmännischen Studiums der Schrift durch biblische Wissenschaftler ignorieren sollte.

Artikel XXV

Wir bekennen, dass die einzige Art der Predigt, die die göttliche Offenbarung und ihre rechte Anwendung auf das Leben hinreichend weitergibt, diejenige ist, die den Text der Schrift als das Wort Gottes treu auslegt.

Wir verwerfen die Auffassung, dass der Prediger irgendeine Botschaft von Gott unabhängig vom Text der Schrift habe.

Kommentar

VON JAMES I. PACKER

Die folgenden Abschnitte geben einen Überblick über das allgemeine theologische Verständnis, das die Chicago-Erklärung zur Biblischen Hermeneutik widerspiegelt. Sie waren zunächst als Anreiz für die Abfassung der Erklärung entworfen worden. Sie wurden jetzt im Licht der Erklärung und im Licht vieler bestimmter Anregungen überarbeitet, die wir während der Konferenz erhielten, auf der die Erklärung erarbeitet wurde. Auch wenn die Überarbeitung nicht rechtzeitig fertiggestellt werden konnte, um sie der Konferenz zu präsentieren, gibt es allen Grund dafür, davon auszugehen, dass die Substanz der Erklärung mit großer Genauigkeit das gemeinsame Anliegen der Unterzeichner der Erklärung zum Ausdruck bringt.

Der Standpunkt dieses Kommentars

Der lebendige Gott, Schöpfer und Erlöser teilt sich uns mit, und die inspirierte und irrtumslose Schrift, die uns seine rettende Offenbarung in der Geschichte vor Augen führt, ist sein Weg, um uns heute etwas mitzuteilen. Er, der einst durch Jesus Christus, seinen Sohn, zur Welt sprach, spricht immer noch zu uns in und durch sein geschriebenes Wort. Öffentlich und privat, durch Verkündigung, persönliches Studium und Meditation, mit Gebet und in der Gemeinschaft des Leibes Christi müssen Christen unausgesetzt daran arbeiten, die Schrift so auszulegen, dass ihre normative göttliche Botschaft an uns richtig verstanden wird. Die Formulierung des biblischen Konzeptes der Schrift als autoritative Offenbarung in schriftlicher Form und als von Gott gegebene Norm für Glauben und Leben hat keinen Nutzen, wenn die Botschaft der Schrift nicht richtig verstanden und angewandt wird. Deswegen ist es von entscheidender Bedeutung, mangelhafte Wege der Auslegung des Geschriebenen aufzudecken und zurückzuweisen, und sie durch eine getreue Auslegung des unfehlbaren Wortes Gottes zu ersetzen.

Dieser Absicht versuchen diese Ausführungen zu dienen. Sie bieten grundlegende Perspektiven für die hermeneutische Aufgabe im Lichte dreier Überzeugungen an, nämlich erstens, dass die Schrift beständig wahr und höchst zuverlässig[34] ist, da sie Gottes eigene Belehrung für uns ist, zweitens, dass Hermeneutik für den Kampf um die biblische Autorität in der gegenwärtigen Kirche von entscheidender Bedeutung ist, und drittens, dass, weil das Wissen um die Irrtumslosigkeit der Schrift die Auslegung bestimmen muss, und es uns deswegen verboten ist, irgend etwas, was die Schrift bekräftigt, in Frage zu stellen, die Auslegung den Umfang und die Bedeutung dieser Irrtumslosigkeit klären muss, indem sie feststellt, was die Schrift tatsächlich bekräftigt.

Die Gemeinschaft zwischen Gott und der Menschheit

Gott hat die Menschheit nach seinem eigenen Bild erschaffen, als einzelne Menschen und mit Verstand begabt, zur ewigen liebenden Gemeinschaft mit ihm, und zwar in einer Gemeinschaft, die auf Kommunikation in beiden Richtungen beruht: Gott richtet sein Wort der

---

[34] Oder: glaubwürdig.

Offenbarung an uns, und wir antworten ihm mit Worten des Gebetes und des Lobpreises. Gottes Geschenk der Sprache wurde uns zum Teil dafür gegeben, diesen Austausch möglich zu machen und zum Teil auch, damit wir unser Verständnis Gottes anderen mitteilen können.

Indem die Schrift von dem Fortgang der Geschichte von Adam bis zu Christus, durch den Gott die Gemeinschaft mit unserer gefallenen Menschheit wiederherstellte, Zeugnis ablegt, zeigt die Schrift Gott als den, der sein eigenes Geschenk der Sprache fortwährend gebraucht, um den Menschen Botschaften zu senden, was er tun werde und was sie tun sollten. Der Gott der Bibel gebrauchte viele Ausdrucksformen: Er erzählt, teilt mit, lehrt, warnt, argumentiert, verheißt, befiehlt, erklärt, ruft aus, fleht und ermutigt. Der Gott, der rettet, ist auch der Gott, der auf diese verschiedenen Arten spricht.

Biblische Autoren, und zwar Geschichtsschreiber, Propheten, Dichter und Lehrer gleichermaßen, zitieren die Schrift als Gottes Wort, das sich an alle ihre Leser und Hörer richtet. Die Schrift als die gegenwärtige persönliche Einladung des Schöpfers zur Gemeinschaft zu betrachten, die die Normen für Glauben und Gottseligkeit nicht nur für unsere Zeit, sondern für alle Zeiten festlegt, gehört zum Wesen des biblischen Glaubens.

Auch wenn sich Gott in der natürlichen Ordnung, im Lauf der Geschichte und in den Äußerungen des Gewissens offenbart, macht die Sünde den Menschen taub und unansprechbar für diese allgemeine Offenbarung. Außerdem ist die allgemeine Offenbarung ohnehin in jedem Fall nur eine Offenbarung des Schöpfers als des gütigen Herrn und gerechten Richters der Welt. Sie sagt aber nichts über das Heil durch Jesus Christus. Den Christus der Schrift zu kennen, ist deswegen eine notwendige Voraussetzung für jenes Erkennen Gottes und die Gemeinschaft mit ihm, zu der er heute alle Sünder ruft. Wenn die biblische Botschaft gehört, gelesen, gepredigt und gelehrt wird, wirkt der Heilige Geist gemeinsam mit ihr und durch sie, um die Augen der geistlich Blinden zu öffnen und dieses Erkennen zu vermitteln.

Gott hat dafür gesorgt, dass die Schrift so geschrieben wurde und der Geist so durch sie dient, dass alle, die sie lesen und demütig um Gottes Hilfe bitten, in der Lage sind, ihre rettende Botschaft zu verstehen. Das Wirken des Geistes macht jedoch die Anstrengungen des persönlichen Studiums nicht überflüssig, sondern vielmehr fruchtbar.

Es ist grundlegend falsch, den vernünftigen, sprachlichen und das Denken einbeziehenden Charakter der Kommunikation Gottes mit uns zu verneinen, einen Gegensatz zwischen persönlicher und lehrmäßiger Offenbarung zu postulieren, wie es einige tun, oder die Angemessenheit unserer Sprache zur Übermittlung von Gottes authentischer Botschaft anzuzweifeln. Die bescheidene, in Worte gegossene Gestalt der biblischen Sprache macht diese Botschaft ebenso wenig als Offenbarung des Geistes Gottes zunichte wie das bescheidene Auftreten des fleischgewordenen Wortes als Knecht den Anspruch zunichte macht, dass Jesus den Vater wahrhaftig widerspiegelt.

Zu verneinen, dass Gott in der Schrift so viel verständlich gemacht hat, wie jeder Mensch an Wissen für sein geistliches Wohlergehen nötig hat, wäre ein weiterer Fehler. Alle Unklarheiten, die wir in der Schrift finden, gehören nicht zu ihrem Wesen, sondern spiegeln die Begrenztheit unserer Kenntnisse und unserer Einsicht wider. Die Schrift ist sowohl als Quelle der Lehre, die das Gewissen bindet, als auch als Führer zum ewigen Leben und zur Gottseligkeit klar und ausreichend und gestaltet unsere Anbetung und unseren Dienst für den Gott, der erschafft, liebt und errettet.

Die Autorität der Schrift

Die Heilige Schrift ist die Selbstoffenbarung Gottes in und durch die Worte von Menschen. Sie ist sowohl deren Zeugnis von Gott, als auch Gottes Zeugnis über sich selbst. Als göttlich-menschlicher Bericht und als Auslegung des Heilswerkes Gottes in der Geschichte ist die Heilige Schrift eine verständliche[35] Offenbarung, die die Wahrheit unserem Verstand mitteilt, damit wir verstehen und darauf antworten. Gott ist ihre Quelle, und Jesus Christus, der Retter, ist ihr Bezugspunkt und Hauptgegenstand. Ihr absoluter und beständiger Wert als eine unfehlbare Weisung für Glauben und Leben ergibt sich daraus, dass sie von Gott gegeben ist (vgl. 2Tim 3,15–17). Sie ist so völlig göttlich, wie sie völlig menschlich ist. Sie bringt in allen ihren Lehren Gottes Weisheit zum Ausdruck und spricht in jeder Lehraussage, die sie macht, zuverlässig, das heißt unfehlbar und irrtumslos. Sie ist eine Zusammenstellung von zu bestimmten Gelegenheiten verfassten Schriften, die jede ihren eigenen Charakter und Inhalt haben, die aber zusammen

---

[35] Oder: erkennbare

einen Organismus der universal gültigen Wahrheit ergeben, die vor allem in der schlechten Nachricht über die weltumfassende Sünde und Not der Menschen, die durch die gute Nachricht von einem bestimmten Juden des ersten Jahrhunderts beantwortet wird, der als Sohn Gottes und als einziger Retter der Welt dargestellt wird, besteht. Das Buch, das diese Schriften ergeben, ist so umfassend wie das Leben und betrifft jedes menschliche Problem und jeden Aspekt des Verhaltens. Indem es uns die Heilsgeschichte vor Augen stellt, also das Gesetz und das Evangelium, Gottes Gebote, Verheißungen, Drohungen, sein Wirken, seine Wege und seinen Anschauungsunterricht bezüglich Glauben und Gehorsam und ihre Gegensätze, zusammen mit ihren entsprechenden Auswirkungen, zeigt uns die Schrift das gesamte Panorama der menschlichen Existenz, wie Gott sie uns zeigen möchte.

Die Autorität der Heiligen Schrift ist untrennbar mit der Autorität Jesu Christi verbunden, dessen niedergeschriebene Worte das Prinzip zum Ausdruck bringen, dass die Belehrungen der Schriften Israels (unseres Alten Testamentes) zusammen mit seinen eigenen Belehrungen und dem Zeugnis der Apostel (unserem Neuen Testament) seine von ihm eingesetzte Norm des Glaubens und des Verhaltens seiner Nachfolger darstellen. Er kritisierte seine Bibel nicht, obwohl er falsche Auslegungen der Schrift kritisierte; im Gegenteil, er bekräftigte ihre verpflichtende Autorität über sich und alle seine Jünger (vgl. Mt 5,17–19). Es ist deswegen falsch, die Autorität Christi von der Autorität der Schrift zu trennen oder die eine in Gegensatz zur anderen zu setzen. Es ist auch falsch, die Autorität eines Apostels der eines anderen oder die Lehren eines Apostels zu einer bestimmten Zeit seinen Lehren zu einer anderen Zeit entgegenzustellen.

Der Heilige Geist und die Schrift

Der Heilige Geist Gottes, der die menschlichen Autoren dazu bewog, die biblischen Bücher zu schreiben, begleitet diese nun mit seiner Kraft. Er führte die Kirche so, dass sie im Kanonisierungsprozess die Inspiration der biblischen Bücher erkannte, und der Heilige Geist bestätigt den einzelnen Menschen diese Erkenntnis durch die einzigartige Wirkung, welche die Schrift auf seine Veranlassung hin auf sie ausübt. Er hilft ihnen, wenn sie studieren, beten und meditieren und in der Kirche zu lernen versuchen, die Dinge, welche die Bibel lehrt, zu verstehen, sich ihnen anzuvertrauen und den lebendigen, dreieinigen Gott, den die Bibel darstellt, zu erkennen.

Die Erleuchtung durch den Geist kann nur dort erwartet werden, wo der Text sorgfältig studiert wird. Erleuchtung bringt keine neuen Wahrheiten, die über das hinausgehen oder über dem stehen, was die Bibel sagt, sondern versetzt uns in die Lage, das zu erkennen, was die Schrift uns immer schon zeigte. Erleuchtung bindet unser Gewissen an die Schrift als das Wort Gottes und bringt Freude und Anbetung hervor, wenn wir feststellen, dass das Wort uns seine Bedeutung aufschließt. Im Gegensatz dazu kommen intellektuelle oder gefühlsmäßige Impulse, die Lehren der Schrift zu missachten oder in Frage zu stellen, nicht vom Geist Gottes, sondern aus einer anderen Quelle. Nachweisliche Missverständnisse oder falsche Auslegungen dürfen nicht der Führung durch den Geist zugeschrieben werden.

Was ist Hermeneutik?

Man hat unter Biblischer Hermeneutik traditionell das Studium der richtigen Prinzipien für das Verstehen des biblischen Textes verstanden. Das „Verstehen" kann zu früh auf einer theoretischen und rein verstandesmäßigen Ebene haltmachen oder aber zum Einverständnis und zur Hingabe des Glaubens fortschreiten, um durch die persönliche Vertrautheit mit Gott, auf den sich die Theorien und Gedanken beziehen, erfahrbar zu werden. Ein theoretisches Verständnis der Schrift erfordert von uns nicht mehr, als für das Erfassen von antiker Literatur nötig ist, also eine ausreichende Kenntnis der Sprache und des Hintergrundes, sowie ein ausreichendes Hineinversetzen in den anderen kulturellen Kontext. Es gibt jedoch kein Erfahrungsverständnis der Schrift, also kein persönliches Erkennen des Gottes, von dem sie spricht, ohne die Erleuchtung des Geistes. Biblische Hermeneutik untersucht, wie beide Ebenen des Verständnisses erlangt werden können.

Der Bereich der Auslegung der Bibel

Die Aufgabe des Auslegers in ihrer umfassendsten Definition ist, sowohl zu verstehen, was die Schrift historisch gesehen sagt, als auch das, was sie uns heute sagt, also welche Bedeutung sie für unser Leben hat. Diese Aufgabe beinhaltet ein beständiges, dreifaches Vorgehen.

Zuerst kommt die *Exegese*, die aus dem Text herausholt, was Gott durch den menschlichen Schreiber zu den Lesern, die der Schreiber vor Augen hatte, gesagt hat.

Zweitens folgt die *Einordnung*[36], die das, was jede exegetische Untersuchung hervorbringt, zu jedweder anderen biblischen Belehrung, die für diese Frage Bedeutung hat, zusammen mit der übrigen biblischen Lehre als solcher in Beziehung setzt. Nur in diesem Bezugsrahmen kann die volle Bedeutung der durch die Exegese erhobenen Lehre festgestellt werden.

Drittens folgt die *Anwendung* der durch Exegese gewonnenen Lehre, die ausdrücklich als Gottes Lehre betrachtet wird, um Denken und Handeln zu korrigieren und zu lenken. Die Anwendung basiert auf dem Wissen, dass Gottes Wesen und Willen, die Natur und die Not des Menschen, der rettende Dienst Jesu Christi, die erfahrungsmäßigen Aspekte der Gottseligkeit einschließlich des alltäglichen Lebens der Kirche und die vielseitige Beziehung zwischen Gott und seiner Welt einschließlich des Plans für ihre Geschichte Realitäten sind, die sich nicht im Laufe der Jahre ändern. Es sind dies Fragen, mit denen sich die beiden Testamente fortwährend beschäftigen.

Auslegung und Anwendung der Schrift finden am natürlichsten in der Predigt[37] statt, und alles Predigen sollte auf dieser dreifachen Vorgehensweise basieren. Andernfalls wird die biblische Lehre falsch verstanden und falsch angewandt. Verwirrung und Unwissenheit bezüglich Gott und seiner Wege werden die Folge sein.

Formale Regeln der Auslegung der Bibel

Der gewissenhafte Gebrauch des Verstandes bei der Auslegung der Bibel ist nicht autoritativ, sondern [der Auslegung der Bibel] untergeordnet; der gläubige Ausleger wird seinen Verstand nicht gebrauchen, um eine bestimmte Bedeutung [in den Text] hineinzulegen oder eine solche zu konstruieren, sondern, um die Bedeutung zu begreifen, die der Text beinhaltet. Die Werke solcher Gelehrter, die selbst zwar keine Christen waren, aber in der Lage waren, die biblischen Inhalte richtig zu verstehen, werden beim theoretischen Teil der Aufgabe des Auslegers ein wertvolles Hilfsmittel sein.

---

[36] Wörtlich: Integration.
[37] Oder: Verkündigung.

a. Die Auslegung sollte am *wörtlichen* Sinn festhalten, das heißt, an der einen wörtlichen Bedeutung, die jeder Abschnitt enthält. Die Frage zu Beginn lautet stets, was Gottes Schreiber mit dem, was er schrieb, sagen wollte. Eine zuchtvolle Auslegung schließt alle Versuche aus, hinter den Text gehen zu wollen, so wie sie auch alles Hineinlesen von Bedeutungen in Abschnitte ausschließt, die daraus nicht herausgelesen werden können und alles Verfolgen von Vorstellungen, die durch den Text in uns entzündet werden und nicht Teil des vom Autor selbst ausgedrückten Gedankenflusses sind. Symbole und Redewendungen müssen als solche erkannt werden, und willkürliches Allegorisieren (dies unterscheidet sich vom Herausarbeiten der Typologie, die der Schreiber offensichtlich im Sinn hatte) muss vermieden werden.

b. Der wörtliche Sinn jedes Abschnittes sollte durch die *grammatisch-historische Methode* herausgefunden werden, dass heißt, man muss fragen, was die linguistisch natürliche Art und Weise wäre, den Text in seinem historischen Umfeld zu verstehen. Ein textliches, historisches, literarisches und theologisches Studium, unterstützt von linguistischer Sachkenntnis – der Philologie, Semantik und Logik – bringt hier voran. Die Abschnitte sollten im Kontext des Buches ausgelegt werden, dessen Bestandteil sie sind, und man muss ständig auf der Suche nach der Absicht des Schreibers im Unterschied zu der seiner bekannten oder vermuteten Quellen sein. Der legitime Gebrauch der verschiedenen kritischen Disziplinen soll nicht die Integrität oder Wahrheit der Absicht des Schreibers in Frage stellen, sondern lediglich helfen, diese zu bestimmen.

c. Die Auslegung sollte am Prinzip der *Harmonie* der biblischen Texte festhalten. Die Schrift weist eine große Bandbreite von Auffassungen und Standpunkten innerhalb eines gemeinsamen Glaubens und eine fortschreitende Offenbarung der göttlichen Wahrheit innerhalb des biblischen Zeitalters auf. Diese Unterschiede sollten nicht bagatellisiert werden, aber gleichzeitig sollte man die Einheit, die der Verschiedenheit zugrunde liegt, niemals aus den Augen verlieren. Wir sollten unseren Blick auf die Schrift richten, um die Schrift auszulegen und als Auslegungsverfahren ablehnen, dass Texte, die alle auf den einen Heiligen Geist als ihren Ursprung zurückgehen, wirklich im Widerspruch zueinander stehen können. Auch wenn wir gegenwärtig die Übereinstimmung [der Texte] miteinander nicht auf überzeugende

Weise darlegen können, sollten wir weiter auf dieser Grundlage [arbeiten], dass sie wirklich in Einklang miteinander stehen und dass eine umfassendere Erkenntnis dies zeigen wird.

d. Die Auslegung sollte *kanonisch* sein, das heißt, man sollte stets davon ausgehen, dass die Lehre der Bibel als ganze den Rahmen liefert, innerhalb dessen wir jeden einzelnen Abschnitt letztlich verstehen müssen und in den dieser schließlich hineinpassen muss.

Für die Bestimmung des wörtlichen Sinnes der Abschnitte der Bibel ist die Disziplin der Stilkritik eine wertvolle Hilfe. Diese versucht, die verschiedenen Literaturgattungen, zu denen die biblischen Bücher und bestimmte Abschnitte gehören, hinsichtlich ihres Stils, der Form und des Inhalts zu bestimmen. Der literarische Stil, den jeder Schreiber für seinen Text verwandte, ist zumindest zum Teil mit seiner Kultur verbunden und wird aufgrund der Kenntnis dieser Kultur klar. Da Missgriffe hinsichtlich des Stils zu umfassenden Missverständnissen des biblischen Textes führen, ist es wichtig, dass diese spezielle Disziplin nicht vernachlässigt wird.

Die Zentralität Jesu Christi in der biblischen Botschaft

Jesus Christus und die rettende Gnade Gottes in ihm sind die zentralen Themen der Bibel. Sowohl das Alte als auch das Neue Testament legen von Christus Zeugnis ab, und die neutestamentliche Auslegung des Alten Testamentes weist in sich schlüssig auf ihn hin. Vorbilder[38] und Prophezeiungen im Alten Testament lassen sein Kommen, seinen versöhnenden Tod, seine Auferstehung, seine Herrschaft und seine Wiederkunft vorausahnen. Das Amt und der Dienst der Priester, Propheten und Könige, die von Gott eingesetzten Rituale und Opfer und die Modelle des Erlösungshandelns in der alttestamentlichen Geschichte haben jeweils typologische Bedeutung, weil sie Vorschattungen Jesu sind. Die alttestamentlichen Gläubigen hielten nach seinem Kommen Ausschau und lebten und wurden gerettet durch den Glauben, der Christus und sein Königreich im Blick hatte, genauso wie Christen heute durch den Glauben an Christus, den Retter, gerettet werden, der für unsere Sünden starb und nun lebt und herrscht und eines Tages wiederkommen wird. Dass die Kirche und das Königreich Jesu Christi

---

[38] Oder: Typologien.

im Zentrum des Planes Gottes, den die Schrift offenbart, stehen, darf nicht hinterfragt werden, auch wenn die Ansichten über die genaue Art und Weise des Verhältnisses der beiden zueinander auseinandergehen. Jede Art der Schriftauslegung, die außer acht lässt, dass Christus durchgängig im Zentrum steht, muss als irrig beurteilt werden.

Biblisches und außerbiblisches Erkennen

Da alle Tatsachen miteinander im Einklang stehen, muss die Wahrheit über sie ebenfalls in sich schlüssig sein, und da Gott, der Autor der ganzen Schrift, auch der Herr aller Tatsachen ist, kann es im Prinzip keinen Widerspruch zwischen dem richtigen Verständnis dessen, was die Schrift sagt und einem richtigen Bericht der Wirklichkeit oder eines Ereignisses in der geschaffenen Welt geben. Wenn sich ein Widerspruch zu ergeben scheint, muss man daraus folgern, dass entweder das, was die Schrift tatsächlich sagt, oder aber die außerbiblischen Fakten durch Missverständnis oder unzureichendes Wissen entstellt wurden. Das wäre dann eine Aufforderung zur erneuten Überprüfung und zu weiterer Forschungsarbeit.

Biblische Aussagen und Naturwissenschaft

Was die Bibel über die Sachverhalte in der Natur sagt, ist so wahr und zuverlässig[39] wie alles andere, was sie sagt. Sie spricht aber über die natürlichen Phänomene, wie man über sie in der Alltagssprache spricht, nicht mit den erklärenden technischen Ausdrücken der modernen Wissenschaft. Sie beschreibt natürliche Ereignisse mit Begriffen des Handelns Gottes, nicht mit Begriffen von Ursache und Wirkung innerhalb der geschaffenen Welt, und sie beschreibt oft natürliche Abläufe bildlich und in dichterischer Sprache, nicht analytisch und in Prosa, wie es die moderne Wissenschaft zu tun versucht. Da dies so ist, sind Meinungsverschiedenheit über die korrekte wissenschaftliche Erklärung für natürliche Tatsachen und Ereignisse, die die Schrift feierlich festhält, kaum zu vermeiden.

Wir sollten jedoch bedenken, dass die Schrift gegeben wurde, um Gott zu offenbaren, nicht um wissenschaftliche Probleme in wissenschaftlicher Sprache anzugehen, und dass, so wie die Schrift nicht die

---

[39] Oder: glaubwürdig,

Sprache der modernen Wissenschaft verwendet, es auch keine wissenschaftliche Kenntnis über die internen Prozesse der Schöpfung Gottes erfordert, um ihre wesentliche Botschaft über Gott und uns selbst zu verstehen. Die Schrift interpretiert die wissenschaftliche Erkenntnis, indem sie es zu der offenbarten Absicht und dem Wirken Gottes in Beziehung setzt und so einen letztgültigen Rahmen für das Studium und die Reform wissenschaftlicher Vorstellungen liefert. Wissenschaftliche Theorien dürfen nicht diktieren, was die Schrift sagen darf und was nicht, auch wenn außerbiblische Informationen manchmal hilfreich sind, um eine Fehlinterpretation der Schrift aufzudecken.

Ja, das Befragen biblischer Aussagen über die Natur im Lichte wissenschaftlicher Erkenntnis über diesen Gegenstand kann sogar dabei helfen, eine genauere Exegese dieser Aussagen zu erlangen. Denn auch wenn die Exegese vom Text selbst bestimmt werden muss und nicht durch Überlegungen von außerhalb bestimmt werden darf, wird der Prozess der Exegese doch ununterbrochen durch die Frage vorangetrieben, ob der Text dies oder jenes meint.

Norm und Kultur in der biblischen Offenbarung

So wie wir in der Schrift die unveränderlichen Wahrheiten über Gott und seinen Willen in vielen verschiedenen Sprachformen ausgedrückt finden, so stellen wir auch fest, dass sie auf viele verschiedene Kulturen und Situationen angewandt werden. Nicht alle biblischen Lehren zur Lebensführung sind für diese heute normativ. Einige Anwendungen von moralischen Prinzipien sind auf eine begrenzte Zuhörerschaft beschränkt, wobei die Schrift selbst festlegt, für welche Art und welche Gruppe von Zuhörern sie gilt. Eine Aufgabe der Exegese ist es, die absoluten und normativen Wahrheiten von den Texten zu unterscheiden, die ihre Anwendung [nur] berichten, die mit Blick auf sich wandelnde Situationen relativ sind. Nur wenn diese Unterscheidung vollzogen wurde, können wir die Hoffnung haben, zu verstehen, wie dieselben absoluten Wahrheiten auch auf unsere eigene Kultur angewandt werden können.

Wenn man übersieht, wie eine bestimmte Anwendung eines absoluten Prinzips kulturell festgelegt ist[40] (das wäre zum Beispiel, worin die meisten übereinstimmen würden, der Befehl des Paulus, dass Chri-

---

[40] Vgl. Artikel VIII der Chicago-Erklärung zur Biblischen Hermeneutik.

sten sich gegenseitig mit einem Kuss grüßen sollen), oder wenn man eine offenbarte absolute Wahrheit als kulturell bedingt behandelt (das wäre zum Beispiel, worin wieder die meisten übereinstimmen würden, Gottes Verbot homosexueller Handlungen in den fünf Büchern Mose), begeht man in beiden Fällen einen Fehler. Auch wenn kulturelle Entwicklungen einschließlich konventioneller Werte und sozialer Veränderungen der letzten Zeit die traditionelle Art und Weise, diese Prinzipien anzuwenden, berechtigterweise in Frage stellen können, dürfen sie doch weder dazu verwandt werden, diese Prinzipien selbst zu ändern, noch ihre Anwendung insgesamt zu umgehen.

In der interkulturellen Kommunikation kommt ein weiterer Schritt hinzu. Der christliche Lehrer muss die offenbarten absoluten Werte auf Personen, die nicht in der Kultur des Lehrers leben, erneut anwenden. Die Anforderungen dieser Aufgabe unterstreichen die absolute Notwendigkeit, dass ihm klar ist, was in der biblischen Darstellung des Willens und Wirkens Gottes absolut gilt und was kulturell bedingte Anwendungen davon sind. Wenn er sich dieser Aufgabe widmet, könnte ihm das zu mehr Klarheit an diesem Punkt verhelfen, indem ihm das Vorhandensein von kulturell bedingten Anwendungen der Wahrheit in der Schrift, die entsprechend der kulturellen Vielfalt angepasst werden müssen, bewusster als vorher wird.

Gott durch sein Wort kennenlernen

Im 20. Jahrhundert hat es viele Versuche gegeben, zu versichern, dass die Schrift das Werkzeug ist, durch das Gottes Wort zu uns gebracht wird, während man gleichzeitig verneint, dass dies Wort für alle Zeiten in den Worten des biblischen Textes gesprochen ist. Bei diesen Ansichten wird der Text als fehlbares, menschliches Zeugnis betrachtet, dessen sich Gott bedient, um die Einsichten zu formen und uns einzugeben, die er uns durch Verkündigung und Bibelstudium schenkt. Diese Ansichten beinhalten jedoch größtenteils die Ablehnung des Wortes Gottes als einer verständlichen[41] Mitteilung und führen so unausweichlich zum Abfall in einen vom eigenen Gefühlseindruck bestimmten[42] Mystizismus. Die Ablehnung der Schrift als das objektiv gegebene Wort Gottes hat zur Folge, dass das Verhältnis dieses Wor-

---

[41] Oder: erkennbaren.
[42] Wörtlich: impressionistischen.

tes zum Text undefinierbar und deswegen unausgesetzt problematisch wird. Dies gilt für alle gegenwärtigen Formen der neoorthodoxen und existentialistischen Theologie, einschließlich der so genannten „Neuen Hermeneutik", die eine extreme und widersprüchliche Form des beschriebenen Ansatzes darstellt.

Die Notwendigkeit, die kulturellen Unterschiede zwischen unserer Welt und derjenigen der biblischen Schreiber zu würdigen und dazu bereit zu sein, dass Gott durch sein Wort die Denkvoraussetzungen und Grenzen unserer gegenwärtigen Sicht herausfordert, sind zwei Schwerpunkte, die gegenwärtig mit der „Neuen Hermeneutik" in Verbindung gebracht werden. Beide gehören jedoch eigentlich zum Verstehen der Aufgabe der Auslegung, wie diese Ausführungen darlegen.

Dasselbe gilt für die Betonung der Wirklichkeit der verändernden Begegnung mit Gott und seinem Sohn, Jesus Christus, durch die Schriften in existentialistischen Theologien. Sicher ist es die alles krönende Herrlichkeit der Schrift, dass sie tatsächlich die lebenschenkende Gemeinschaft mit dem fleischgewordenen Gott, dem lebendigen Christus, von dem sie zeugt, und dem göttlichen Retter, dessen Worte „Geist und ... Leben sind" (Joh. 6,63), vermittelt. Aber es gibt keinen Christus außer dem Christus der Bibel, und dass eine echte geistliche Begegnung mit Jesus Christus stattfindet, kann nur so weit erwartet werden, als der biblischen Vorstellung Jesu und des Planes Gottes, der sich um ihn dreht, Vertrauen geschenkt wird. Durch eine disziplinierte Auslegung der Bibel, der Vertrauen geschenkt wird, machen sich Vater und Sohn durch den Geist selbst sündigen Menschen bekannt. Die in diesen Ausführungen dargelegten hermeneutischen Prinzipien und Vorgehensweisen zeigen und bewahren den Weg zu solchen verändernden Begegnungen.

DIE CHICAGO-ERKLÄRUNG ZUR ANWENDUNG DER BIBEL

Einführung

Der Internationale Rat für Biblische Irrtumslosigkeit wurde 1977 mit einer geplanten Lebensdauer von zehn Jahren gegründet. Sein Ziel – in der Abhängigkeit von Gott – war es, zu versuchen, durch wissenschaftliche Formulierungen und Lehren das nachlassende Vertrauen der Christen in die völlige Zuverlässigkeit der Schrift zu erneuern. Da dieser Verlust des Vertrauens sowohl zum Verlust der Klarheit, mit der die absoluten Wahrheiten des authentischen Christentums erklärt werden, als auch zum Verlust der Kraft, diese festzuhalten, führt, wurde diese Aufgabe für dringend erachtet. Zehn Jahre besonderer Anstrengungen, um die [hereinbrechende] Flut der Verunsicherung über die Bibel aufzuhalten, schien kein zu langes Unternehmen zu sein, um die christliche Öffentlichkeit um finanzielle Unterstützung zu bitten. In seinem zehnten Jahr sieht der Rat von jedem Standpunkt aus das, was erreicht wurde, als Grund tiefer Dankbarkeit gegenüber Gott an.

Die drei Treffen von Forschern, die der Rat veranstaltet hat, waren als eine logisch miteinander verbundene Serie gedacht, wobei jedes Treffen sowohl dem Zweck der Einigung als auch der Beratung diente. Die Konferenz von 1978 erreichte eine wichtige, erneute Darlegung der historischen, christlichen Sicht der Heiligen Schrift als kanonischer Offenbarung, die Gott in der Form eines zusammengesetzten menschlichen Zeugnisses des Willens, Wirkens und der Wege Gottes gegeben hat. Die Konferenz von 1982 erzielte einen weitreichenden Konsens über hermeneutische Richtlinien und Maßstäbe für die Auslegung der Bibel. Die Konferenz von 1986 versucht die Relevanz einer richtig ausgelegten Bibel für einige Schlüsselfragen in der nordamerikanischen Kultur heute aufzuzeigen. Die Notwendigkeit der zweiten und dritten Konferenz lag immer offen zu Tage, da das Bekenntnis des Glaubens an eine irrtumslose Bibel solange wenig einbringt, bis wir wissen, wie wir sie auslegen sollen, und die Auslegung wiederum schließt die Anwendung biblischer Wahrheiten auf die Wirklichkeit unseres gegenwärtigen Lebens mit ein.

Die dritte Konferenz beschäftigt sich damit, ewige Wahrheiten auf Situationen im späten 20. Jahrhundert anzuwenden. Sie unterstreicht nicht die evangelistische oder pastorale Aufgabe, sicherzustellen, dass die bekannte Wahrheit verinnerlicht und ausgelebt wird, sondern konzentriert sich eher auf die Erkenntnis, was es bedeutet, diese Wahrheit in der Umwelt unserer Tage auszuleben. Die Konferenz konzentriert sich nicht auf die Fragen der persönlichen Jüngerschaft, weil darüber schon viel gutes Material existiert und es nicht dieser Bereich ist, in dem die akuteste Krise der Anwendung [der Bibel] empfunden wird. Statt dessen konzentriert sich die dritte Konferenz als erstes auf die trinitarischen Grundlagen, die das gesamte Leben und Zeugnis der Kirche bestimmen müssen, und dann auf eine Reihe von Fragen des Zusammenlebens, die unter der Überschrift der christlichen Sozialethik stehen. Diese Fragen wurden zum Teil wegen ihrer brennenden Wichtigkeit ausgewählt, zum Teil, weil die Notwendigkeit besteht, Zweifel daran auszuräumen, ob sich diejenigen, die an die Bibel glauben, jemals einigen können, wie sie darauf reagieren sollen. So wie die erste Konferenz Zweifel ausräumte, ob Übereinstimmung über das Wesen der Schrift möglich ist und der Konsens der zweiten Konferenz Zweifel ausräumte, ob diejenigen, die an die Irrtumslosigkeit glauben, auch in Prinzipien für die Auslegung des inspirierten Textes übereinstimmen können, so bietet die dritte Konferenz einen hohen Grad an Übereinstimmung darin, wie eine Bibel, der man vertraut, uns für unsere Gebete und unser Planen und Handeln in einer sich verändernden Gesellschaft Weisung geben kann. Wir danken Gott für alle diese Übereinstimmungen, von denen wir glauben, dass sie für unsere Zeit von großer Bedeutung sind.

Gegenwärtige Probleme angehen

Der Prozess des übernatürlichen göttlichen Wirkens, der die kanonischen Schriften hervorbrachte, schenkte uns kein Handbuch der Theologie und Ethik für Studenten, sondern etwas reicheres und lehrreicheres: ein Buch des Lebens. In diesem Buch, das nun einmal aus 66 verschiedenen Büchern besteht, sind viele verschiedene Arten von Material zusammengebracht worden. Das Rückgrat der Bibel ist eine Sammlung historischer Erzählungen, die einige tausend Jahre umfassen, und die berichten, wie Gott der Schöpfer, nachdem die Sünde in seine Welt gekommen war und die Menschheit verdorben hatte, zu Gott dem Retter wurde. Alle die didaktischen, lehrmäßigen, in der Anbetung verwendeten, moralischen und liturgischen Texte, ganz gleich, ob in Form von Predigten, Briefen, Hymnen, Gebeten, Gesetzen, Rubriken, Sprüchen, philosophischen und praktischen Überlegungen oder in irgendeiner anderen schriftlichen Form, haben den Charakter einer auf die Situation bezogenen, angewandten Auslegung, die sich an bestimmte Menschen in ihrem geschichtlichen und theologischen Umfeld an einem bestimmten Punkt in Gottes sich entfaltendem Plan der Offenbarung und Erlösung richtet. Aufgrund dessen und im Lichte der tiefen kulturellen Kluft zwischen der Zivilisation des Alten Orients, in der die Bibel entstand, und dem gesellschaftlichen Leben im modernen Westen, ist die Aufgabe oft mit einer Reihe von Schwierigkeiten verbunden, die wahrste und weiseste Anwendung der biblischen Prinzipien für heute zu erkennen. Allgemeingültige Wahrheiten über Gott und die Menschen in ihrer Beziehung zueinander müssen unter den Anwendungen, in denen wir sie finden, wenn wir ihnen zuerst begegnen, freigelegt und neu auf unsere kulturelle Situation und auf unseren Gang der Geschichte, der sich stark von allem unterscheidet, was der biblische Text beschreibt, angewandt werden. Die folgenden Prinzipien dürfen nie außer acht gelassen werden, wenn die Schrift auf diese veränderte und sich verändernde Umwelt unserer eigenen Zeitabläufe angewandt wird.

1. Da die ganze Schrift uns durch unseren Herrn Jesus Christus selbst als Wort Gottes, welches immer Autorität besitzt, bestätigt wird (unser Altes Testament durch seine Beglaubigung und seinen Gebrauch, unser Neues Testament durch seine Verheißung des Geistes für die apostolischen und prophetischen Schreiber), sollte sie als Ganzes als Mittel und Weg der Mitteilung der Autorität von Christus selbst angesehen werden. Deswegen muss man davon ausgehen, dass eine treue Jüngerschaft gegenüber Christus eine bewusste Annahme all dessen einschließt, was die Schrift lehrt, gleich, ob als Aussage oder als Befehl. Die gängige Vorstellung, dass man die Loyalität gegenüber Christus mit einem skeptischen oder selektiven Zugang zur Schrift verbinden kann, muss als eine verdrehte und nicht zu verteidigende Illusion abgetan werden. Die Autorität der Schrift und die Autorität Christi sind eins.

2. Da die ganze Schrift letztlich einem einzigen Geist entspringt, und zwar Gott, dem Heiligen Geist, besteht tatsächliche Übereinstimmung bei der Lehre jeder Frage, die sie berührt. Jeder Anschein von Widerspruch oder Verwirrung sollte deswegen als Illusion beurteilt werden, und wir sollten begreifen, dass es ein Teil der Aufgabe des Auslegers ist, Wege zu suchen, die diesen Anschein beseitigen. Wie weit wir damit im Einzelfall kommen, wird unterschiedlich sein, aber wir müssen uns stets bemühen, dieses Ziel zu erreichen. Die innere Harmonie der Schrift ist ein Axiom, das sich aus der Gewissheit ergibt, dass der Gott der Wahrheit, von dem alle biblische Lehre ausgeht, seinen eigenen Sinn stets kennt und die Tatsachen niemals verfälscht. Alles, was die Schrift über einen bestimmten Gegenstand lehrt, ist deswegen so als zuverlässig anzunehmen, wie es Gottes Wesen ist, nur das zu sagen, was wahr und zuverlässig[43] ist. (Eine ausführlichere Rechtfertigung für die Annahme autoritativer biblischer Irrtumslosigkeit und endgültiger Weisung von unserem Schöpfer selbst wurde in den Ergebnissen der ersten beiden Konferenzen vorgetragen.)

3. Die Unterschiede zwischen den aufeinanderfolgenden Stufen der Offenbarung Gottes müssen berücksichtigt werden, und wir müssen uns der Tatsache bewusst sein, dass einige der Forderungen Gottes an sein Volk in der Zeit vor dem Neuen Testament nur für eine bestimmte Zeit Gültigkeit besaßen. Auch wenn wir dies anerkennen, müssen wir dennoch ebenso die beständigen moralischen und geistlichen Prinzipien, die diese Forderungen zur Anwendung und zum Ausdruck brachten, zu erkennen suchen und der Frage, wie dieselben Prinzipien in unserem Leben heute zum Tragen kommen, besondere Aufmerksamkeit widmen.

4. Die Kirche ist weder eine Quelle für unfehlbare Erkenntnisse unabhängig von der Schrift, noch ist sie in all dem, wie sie sich äußert, ein unfehlbarer Ausleger der Schrift. Die Kirche steht unter der Bibel, nicht über ihr. Der historische Anspruch des römisch-katholischen Lehramtes[44] ist weder biblisch zu rechtfertigen, noch von seinem Wesen her plausibel. Auch die Ansprüche protestantischer Körperschaften, dass sie von Gottes Geist geführt und gelehrt seien, sind nicht plausibel, wenn sie Standpunkte einnehmen, die nicht von der biblischen

---

[43] Oder: glaubwürdig.
[44] Im Original der lateinische Begriff ‚magisterium'.

Lehre gestützt werden. Jahrhunderte des Studiums der Bibel haben jedoch wieder und wieder gezeigt, dass die kanonischen Schriften sich in allen Fragen, die für das Leben in Glauben, Hoffnung, Gehorsam, Liebe und Heil von Bedeutung sind, aus sich selbst heraus auslegen. Die seit der Reformation bestehende Einmütigkeit der Ausleger, die an die Bibel glauben, bestätigt machtvoll die Position der Reformatoren, dass die Schrift, wie wir sie haben, sowohl *ausreichend*, als auch *deutlich* ist, mit anderen Worten *vollständig* als Offenbarung Gottes und *klar* in ihrer Bedeutung und Botschaft für alle, die durch die Gnade des Heiligen Geistes Augen haben, um zu sehen, was vor ihnen offen zutage liegt. Weil jedoch die Heiligung des Verstandes der Christen genauso wie andere Bereiche ihrer Heiligung noch unvollkommen ist, sind einige Meinungsverschiedenheiten in zweitrangigen Fragen unter an die Bibel Gläubigen zu erwarten. Diese sollten nicht als Anlass dafür genommen werden, Zweifel an der wesensmäßigen Klarheit der Schrift, die alle zu erklären und anzuwenden suchen, anzumelden.

5. Es ist methodisch falsch, die biblische Lehre aufgrund kultureller Axiome, Annahmen oder Paradigmen unserer oder einer anderen Zeit zu relativieren. Die Schrift legt das Wirken, die Wege und den Willen des unwandelbaren Schöpfers in Beziehung zur Menschheit als solcher dar, und alle menschlichen Meinungen über Werte, Prioritäten und Pflichten müssen mit Hinweis auf diese Darlegungen beurteilt und, wo nötig, korrigiert werden. Jede Kultur ist der Ausdruck gemeinsamer Ziele der gefallenen Menschheit und entstellt, erstickt und stumpft daher biblische Wahrheiten ab, die, wenn sie angewandt würden, die Kultur veränderten. Es ist niemals einfach, diese Wahrheiten festzuhalten, also keine Kompromisse zu machen und diese nicht an den kulturellen status quo anzugleichen. Die protestantischen Großkirchen der letzten zwei Jahrhunderte sind in dieser Hinsicht ein warnendes Beispiel, denn sie sind sehr stark abgeirrt, indem sie die Gewohnheit angenommen haben, die biblische Lehre regelmäßig in Richtung auf die jeweils gegenwärtige säkulare Lebensart zu relativieren, gleich, ob diese rationalistisch, historistisch, evolutionistisch, existentialistisch, marxistisch o. ä. war. Doch damit vergisst man, wie die Sünde die menschliche Vernunft in Bezug auf diese letzten Fragen verdunkelt und irreführt. Man vergisst außerdem, dass die Schrift uns gegeben wurde, um unsere verstandesmäßige und geistliche Dunkelheit zu erleuchten, indem sie uns zeigt, wo die Gedanken und Einbildungen der vom Säkularismus bestimmten Kultur in unserer und zu jeder

anderen Zeit zu kurz greifen. In Bezug auf Gott und das menschliche Leben führt die vom Säkularismus bestimmte Kultur immer bergab (s. Röm. 1,18–32), und nur der Inhalt der biblischen Offenbarung kann die notwendige Korrektur herbeiführen. Unser Auftrag ist es daher nicht, die Bibel zu korrigieren, sondern uns von der Bibel korrigieren zu lassen. Nur wenn wir unsere Auffassungen von Gott und den besten Lebensstil, den die Gesellschaft um uns her für selbstverständlich hält, von der biblische Lehre in ihrem Charakter als Gottes unfehlbarer Wahrheit her korrigieren lassen, gebrauchen wir die Schrift so, wie wir es sollten. Denn der richtige Weg, die Schrift zu gebrauchen, ist, dass wir zulassen, dass die Schrift uns auf intellektuellem, moralischem und geistlichem Gebiet leitet. Darauf hoben die Reformatoren ab, wenn sie über die Notwendigkeit der Schrift sprachen: Niemand wird jemals richtig über Gott denken und deswegen niemand jemals so leben und handeln, wie er sollte, wenn er nicht durch die Bibel geleitet wird.

Die richtige Art und Weise, die hermeneutische Frage zu stellen, die für unsere gegenwärtige Diskussion eine zentrale Bedeutung hat, ist die Frage zu stellen, was uns in uns selber und in unserer Kultur davon abhält, Gottes unveränderliches Wort des Gerichts, der Gnade, der Buße und der Gerechtigkeit, wie es jeweils auf uns und unsere eigene Situation zutrifft, wirklich zu hören. Wenn man die Frage so stellt, wird der Zugang dazu geöffnet, dass das Wort Gottes seine richtige Wirkung auf uns hat, was andernfalls kaum möglich ist. Die Art der Wirkung wird von Zeit zu Zeit und von Ort zu Ort unterschiedlich sein, denn es ist richtig, dass das Wort Gottes in jeder besonderen Kultur, die die Menschheit hervorbringt, heimisch wird. Der Kern dieser Wirkung, nämlich die Aufforderung zur Buße und zum Glauben an Christus, zur Anbetung und zur Heiligkeit vor Gott, zur Liebe und zur Gerechtigkeit gegenüber unseren Mitmenschen, wird immer und überall derselbe sein.

6. Die Anwendung der biblischen Prinzipien auf das Leben wird immer von den Begrenzungen unseres Faktenwissens über die Situation, in der sie vorgenommen wird, bestimmt. Wo Diskussionen darüber, was Tatsache ist, über mögliche direkte oder indirekte Folgen, über alternative Wege des Vorgehens, die Langzeitfolgen, zum Beispiel von bestimmten industriellen Entwicklungen, Wirtschaftsabläufen oder Militärstrategien, stattfinden, werden wahrscheinlich Meinungsverschiedenheiten über die beste und weiseste Vorgehensweise die

Folge sein. Diese Meinungsverschiedenheiten mögen als verwirrend empfunden werden, da das Erreichen der besten rechtmäßigen Ergebnisse für andere ein Teil unserer uns allen von der Schrift auferlegten Pflicht ist, unseren Nachbarn zu lieben. Meinungsverschiedenheiten dieser Art lassen jedoch nicht notwendigerweise auf Unsicherheit über die angewandten Prinzipien schließen, und sie dürfen deswegen nicht unkritisch als Beweis dafür genommen werden, dass die Lehren der irrtumslosen Schrift unterschiedlich verstanden werden können.

7. Die Anwendung biblischer Prinzipien auf das Leben erfordert das Bewusstsein, dass innerhalb der vom moralischen Gesetz Gottes gezogenen Grenzen Gebiete der Freiheit existieren, in denen wir die Verantwortung haben, die Möglichkeiten zu wählen, die am fruchtbarsten zur Ehre Gottes und für das Wohlergehen der Menschheit einschließlich unserer selbst zu sein scheinen. Das Gute niemals zum Feind des Besten werden zu lassen und das, was „nicht schlecht" ist, niemals dem, was deutlich besser ist, vorzuziehen, ist eine der Regeln christlicher Weisheit und christlichen Gehorsams. Hier jedoch können Christen, deren Theologie im Kern übereinstimmt, aufgrund persönlicher oder kultureller Faktoren, die ihre Werteskalen und ihre Prioritäten zu Recht beeinflussen, Meinungsverschiedenheiten haben, und wiederum wäre es ein Fehler, solche Meinungsverschiedenheiten als Zeichen für fehlende Übereinstimmung darüber, was die Bibel zu sagen hat, zu nehmen.

8. Die Anwendung der Schrift auf das Leben erfordert die Salbung des Heiligen Geistes. Ohne seine Hilfe können die geistlichen Realitäten, über die die Schrift spricht, nicht angenommen werden, noch können Umfang, Stoßrichtung und die durchdringende Kraft der biblischen Lehre erfasst, die Reichweite und Tiefe der biblischen Visionen, Bitten, Herausforderungen, Ermahnungen und der Ruf zum Glauben und zur Besserung richtig verstanden werden. Die demütige Erkenntnis, dass es immer noch etwas mehr zu lernen gibt und dass das eigene gegenwärtige Wissen unvollständig ist, und der fortwährende Schrei zu Gott um mehr Licht und Weisheit ist der einzig vernünftige gedankliche Rahmen für diejenigen, die die Bedeutung des Wortes Gottes hervorheben wollen. Dieser gedankliche Rahmen wird nur in denen Wirklichkeit, die als Gerettete mit Jesus Christus ver-

bunden sind, ihre Blindheit und den Unsinn ihres eigenen natürlichen Denkens erfahren haben und so vom Herrn selbst gelehrt wurden, sich nicht auf ihren eigenen Verstand zu verlassen.

Die dritte Konferenz betrachtet diese acht Prinzipien als gemeinsame Grundlage, und ihre Ergebnisse spiegeln den ehrlichen Versuch wider, ihnen vernünftig und selbstkritisch zu folgen, indem die Lehre der Schrift für die Welt um uns her zum Tragen gebracht wird.

Neue Einsichten auf alten Wegen

Die Aufgabe, die sich die dritte Konferenz gestellt hatte, ist, auf die Lehre der vertrauenswürdigen Bibel einige der verwirrendsten Gebiete unseres modernen Lebens anzuwenden. Diese Aufgabe kann im Prinzip nicht von der säkularen westlichen Welt angegangen werden, weil unsere säkulare Gesellschaft darauf besteht, sich nicht aufgrund der Offenbarung des Schöpfers, die sich in der Bibel findet, sondern aufgrund von evolutionistischen, permissiven[45], materialistischen, hedonistischen[46] und irdischen Maßstäben selbst zu beurteilen. Die Ergebnisse der Konferenz beinhalten die Ansicht, dass der Glaube und das Wertesystem, die sich in einem solchen Urteil widerspiegeln, einem tragischen Irrtum unterliegen, und dass ihre Ergebnisse [die sich daraus ergeben] als Ganzes eine radikale Infragestellung dieses Urteils darstellen. Es besteht jedoch kein Zweifel, dass in der westlichen Welt säkulare Ansichten überall ihren Einfluss ausüben und es weit größerer Anstrengungen bedarf, diese zu entthronen, als die Kritik und Herausforderung durch eine einzelne Konferenz.

Die Aufgabe der dritten Konferenz konnte auch nicht durch irgendeine Art der liberalen oder modernen Theologie ersetzt werden. Dieser Unglaube von Namenschristen schlägt in bestimmten Kreisen gegenwärtig hohe Wellen, aber solch eine Theologie stellt die Göttlichkeit, Zulänglichkeit und den verpflichtenden Charakter großer Teile der biblischen Lehre in Frage, und diese ist folglich methodisch undurchführbar, wenn man unter der Autorität der Schrift arbeitet. Die Annahmen des Liberalismus relativieren die Bibel, indem sie Positionen absolut setzen, die der biblischen Lehre widersprechen (zum Beispiel das wesensmäßig Gute im Menschen oder die wesens-

---

[45] Oder: alles erlaubenden.
[46] Oder: am eigenen Glück orientierten.

mäßige Einheit der Religionen) und verteilt biblische Prioritäten im Lichte heutiger säkularer Vorurteile und Anliegen um (zum Beispiel, indem sie Mission neu definiert, um politischen, sozialen oder wirtschaftlichen Motiven Priorität vor kirchengründender Evangelisation zu geben). Die Konferenz distanziert sich ausdrücklich von der Willkürlichkeit jeglicher solcher Methoden und von solchen auf den Kopf gestellten Schlussfolgerungen.

Die Ergebnisse der Konferenz wenden sich gegen jede Form eines modernen „Athenismus", der danach strebt, nur das zu sagen und zu hören, was neu ist. Anstatt Neuheit anzustreben, bieten sie auf den neuesten Stand gebrachte Anwendungen eines älteren, stabileren, wie man mit Recht behaupten könnte, weiseren und beweisbar biblischeren Erbes des Glaubens. Deswegen ist das Schwimmen gegen den Strom des gegenwärtigen Denkens kein Beweis der Verzagtheit, sondern des Mutes und nicht der Exzentrizität, sondern des Gewissens. Die Teilnehmer der Konferenz sind durch den Glauben verbunden, dass der einzige gute Weg für Kirche und Gesellschaft heute auf den alten Pfaden verläuft. Deswegen wird für historische Fragen wie der Heiligkeit des Lebens, der Sexualität und der Familie, der von Gott gegebenen Rolle des Staates in seiner Regelung der politischen, strafrechtlichen und wirtschaftlichen Aspekte des gemeinschaftlichen Lebens ebenso wie für neue Fragen des 20. Jahrhunderts, wie der Rechtmäßigkeit des Nuklearkrieges und der Verwaltung der natürlichen Ordnung, die fortwährende Gültigkeit der Standpunkte der Christen in der Vergangenheit andauernd bekräftigt. Aus demselben Grund wird die moderne Planwirtschaft mit ihrer Anbetung des Zentralismus, ihrem pervertierten paternalistischen Ethos und ihrer Bereitschaft, hinterfragbare Ansichten zu allen angesprochenen Themen zu sanktionieren, gleich ob in ihrer faschistischen oder marxistischen oder irgendeiner anderen Form, fortgesetzt als bedauerliche Entwicklung angesehen. Ob dies ein politisches Vorurteil oder eine prophetische Sicht ist, ist eine Frage, die von verschiedenen Leuten unterschiedlich beantwortet wird, zu der die Teilnehmer der Konferenz jedoch eine recht einheitliche Einstellung haben. Die 250 von uns, die sich auf der Konferenz getroffen haben, glauben, dass jeder, der der Schrift zugesteht, ihre eigene Botschaft zu diesen Dingen zu verkündigen, ungefähr dorthin kommen wird, wo wir stehen. Wir unterbreiten unsere Ergebnisse und Arbeitspapiere der Öffentlichkeit als Zeugnis dessen, was wir als Gottes Äußerungen aufgefasst haben. Wir werden jede Gelegenheit willkommen heißen, dieses Zeugnis in Gesprächen in umfassenderen Erörterungen weiter auszuführen, und zu befestigen[47].

Artikel des Bekennens und des Verwerfens

Artikel I: Der lebendige Gott

Wir bekennen, dass der eine wahre und lebendige Gott der Schöpfer und Erhalter aller Dinge ist.

Wir bekennen, dass dieser Gott durch seine Offenbarung seiner selbst in seinem irrtumslos niedergeschriebenen Wort erkannt werden kann.

Wir bekennen, dass dieser eine Gott ewig in drei Personen existiert, in Vater, Sohn und Heiligem Geist, von denen jede ganz und gar Gott ist.

Wir bekennen, dass dieser lebendige, handelnde, redende Gott durch seinen Sohn Jesus Christus in die Geschichte eintrat, um der Menschheit Heil zu bringen.

Wir bekennen, dass der offenbare Charakter und Wille Gottes das Fundament aller Moral ist.

---

[47] Im Original steht vor den eigentlichen Artikeln folgende Einführung:
„Diese Erklärung ist die dritte und letzte einer Trilogie von Konferenzen, die der Internationale Rat für biblische Irrtumslosigkeit durchgeführt hat. Die erste Konferenz (26.–28. Oktober 1978) erarbeitete die Chicago-Erklärung zur biblischen Irrtumslosigkeit. Die zweite Konferenz (10.–13. Oktober 1982) führte zur Chicago-Erklärung zur Biblischen Hermeneutik.
Diese dritte und letzte Konferenz (10.–13. Dezember 1986) erarbeitete die Chicago-Erklärung zur Anwendung der Bibel. Mit dieser Erklärung wurde die geplante wissenschaftliche Arbeit des Internationalen Rates für Biblische Irrtumslosigkeit abgeschlossen, da die Lehre von der Irrtumslosigkeit von vielen der führenden evangelikalen Wissenschaftler unserer Tage definiert, ausgelegt wurde und zur Anwendung kam.
Hinweis: Die Teilnehmer der dritten Konferenz unterzeichneten die folgende Erklärung mit den Artikeln des Bekennens und Verwerfens mit dem folgenden Vorwort:
„Als Teilnehmer der dritten Konferenz des Internationalen Rates für Biblische Irrtumslosigkeit unterschreibe ich diese Artikel als Ausdruck meiner Übereinstimmung mit ihrer grundsätzlichen Stoßrichtung."

Wir verwerfen die Auffassung, dass die menschliche Sprache unzulänglich sei, um uns mitzuteilen, wer Gott ist und wie er ist.

Wir verwerfen die Auffassung, dass die Lehre der Dreieinigkeit ein Widerspruch sei oder auf einer nicht annehmbaren Ontologie beruhe.

Wir verwerfen die Auffassung, dass die Vorstellung von Gott dem modernen Denken angepasst werden sollte, in dem die Vorstellungen von Sünde und Heil keinen Platz haben.

Artikel II: Der Retter und sein Werk

Wir bekennen, dass Jesus Christus wahrer Gott, vom Vater von Ewigkeit her gezeugt, und ebenso wahrer Mensch ist, vom Heiligen Geist gezeugt und von der Jungfrau Maria geboren.

Wir bekennen, dass die unauflösliche Verbindung der vollkommenen Gottheit mit dem vollkommenen Menschsein in der einen Person Jesu Christi für sein Heilswerk grundlegend[48] ist.

Wir bekennen, dass Jesus Christus durch sein stellvertretendes Leiden, seinen stellvertretenden Tod und seine stellvertretende Auferstehung der einzige Retter und Erlöser der Welt ist.

Wir bekennen, dass durch Glauben allein in Jesus allein das Heil ist.

Wir bekennen, dass Jesus Christus, so wie er in der Schrift offenbart wird, das höchste Vorbild für ein gottesfürchtiges Leben ist, das in ihn und durch ihn unser ist.

Wir verwerfen die Auffassung, dass die Schrift irgendeine Verkündigung oder ein Angebot des Heils rechtfertige, als allein die, die sich auf dem Fundament des Heilswerkes des gekreuzigten und auferstandenen Christus gründen.

Wir verwerfen die Auffassung, dass diejenigen, die ohne Christus sterben, im künftigen Leben errettet werden könnten.

Wir verwerfen die Auffassung, dass Menschen, die zu einer rationalen Entscheidung fähig sind, ohne persönlichen Glauben an den biblischen Christus gerettet werden könnten.

---

[48] Oder: wesentlich.

Wir verwerfen die Auffassung, dass die Darstellung Jesu Christi als moralisches Vorbild ohne Hinweis auf seine Gottheit und seine stellvertretende Versöhnung der Lehre der Schrift gerecht werde.

Wir verwerfen die Auffassung, dass ein rechtes Verständnis der Liebe und Gerechtigkeit Gottes die Hoffnung auf eine universale Errettung[49] rechtfertige.

Artikel III: Der Heilige Geist und sein Werk

Wir bekennen, dass der Heilige Geist die dritte Person der dreieinigen Gottheit und dass sein Handeln für die Errettung von Sündern unentbehrlich[50] ist.

Wir bekennen, dass wahre und erlösende Erkenntnis Gottes durch den Geist Gottes gegeben wird, wenn er das Wort der kanonischen Schriften, als deren Autor Gott an erster Stelle steht, beglaubigt und erleuchtet.

Wir bekennen, dass der Heilige Geist das Volk Gottes führt, indem er ihm Weisheit zur Anwendung der Schrift auf moderne Fragestellungen und auf das alltägliche Leben gibt.

Wir bekennen, dass die Lebendigkeit der Kirche in Anbetung und Gemeinschaft, ihre Treue im Bekenntnis, ihre Fruchtbarkeit im Zeugnis und ihre Kraft in der Mission direkt von der Kraft des Heiligen Geistes abhängig sind.

Wir verwerfen die Auffassung, dass irgendeine Sicht, die die wesensmäßige Dreipersonalität des einen Gottes in Frage stellt, mit dem Evangelium vereinbar sei.

Wir verwerfen die Auffassung, dass irgendeine Person unabhängig vom Heiligen Geist von Herzen sagen könne, dass Jesus Herr ist.

Wir verwerfen die Auffassung, dass der Heilige Geist seit dem apostolischen Zeitalter der Kirche jemals neue normative Offenbarungen gegeben habe oder jetzt gäbe.

---

[49] Oder: Allversöhnung.
[50] Oder: wesentlich.

Wir verwerfen die Auffassung, dass die Bezeichnung Erweckung auf irgendeine Bewegung in der Kirche angewandt werden sollte, die nicht ein tieferes Verständnis von Gottes Gericht und Gnade in Christus einschließt.

Artikel IV: Die Kirche und ihre Mission

Wir bekennen, dass die Inspiration des Heiligen Geistes der Bibel ihre kanonische Autorität verleiht und es die Aufgabe der Kirche war und ist, diese Autorität zu erkennen und zu bekennen[51].

Wir bekennen, dass Christus, der Herr, seine Kirche auf der Erde durch sein Wort und seinen Geist gegründet hat und regiert.

Wir bekennen, dass die Kirche apostolisch ist, da sie die Lehre der Apostel, die in der Schrift festgehalten werden, empfängt und auf ihnen gegründet ist und fortfährt, das apostolische Evangelium zu verkündigen.

Wir bekennen, dass die ausweisenden Kennzeichen der örtlichen Gemeinden ihr treues Bekennen und Verkündigen des Wortes Gottes und die verantwortliche Verwaltung der Taufe und des Mahls des Herrn sind.

Wir bekennen, dass Gemeinden in ihrer Ordnung ebenso dem Wort Christi untergeordnet sind, wie in ihrer Lehre.

Wir bekennen, dass sich Christen zusätzlich zu ihrem Einsatz in einer örtlichen Gemeinde in nebengemeindlichen Organisationen[52] für besondere Dienste sehr wohl einsetzen dürfen.

Wir bekennen, dass Christus seine Kirche ruft, ihm durch ihre Anbetung, ihr Wachstum und ihr Zeugnis als sein Volk in dieser Welt zu dienen.

Wir bekennen, dass Christus seine Kirche in die ganze Welt sendet, um die sündige Menschheit zum Glauben, zur Umkehr und zur Gerechtigkeit aufzufordern.

---

[51] Oder: bejahen.
[52] Englisch: parachurch organizations.

Wir bekennen, dass die Einheit und Klarheit der Schrift uns ermutigt, zu versuchen, die lehrmäßigen Differenzen zwischen Christen zu lösen und so die Einheit der Kirche Christi offenbar zu machen.

Wir verwerfen die Auffassung, dass die Kirche der Schrift apostolische Autorität verleihen könne.

Wir verwerfen die Auffassung, dass sich die Kirche durch den Willen und die Traditionen von Menschen konstituiert habe.

Wir verwerfen die Auffassung, dass die Kirche das Gewissen unabhängig vom Wort Gottes binden könne.

Wir verwerfen die Auffassung, dass die Kirche sich von der Autorität des geschriebenen Wortes Gottes freimachen und trotzdem weiter rechtmäßig (Kirchen-)Zucht im Namen Christi üben könne.

Wir verwerfen die Auffassung, dass die Kirche sich selbst an die Forderungen einer bestimmten Kultur anpassen könne, wenn solche Forderungen mit der biblischen Offenbarung in Konflikt geraten oder wenn sie die Freiheit des christlichen Gewissens einschränken.

Wir verwerfen die Auffassung, dass unterschiedliche kulturelle Situationen das biblische Prinzip der Gleichheit von Mann und Frau oder die biblischen Erfordernisse für ihre Rolle in der Kirche ungültig machen würden.

Artikel V: Die Heiligkeit des menschlichen Lebens

Wir bekennen, dass Gott, der Schöpfer, Herr über alles menschliche Leben ist und die Menschheit unter Gott dafür verantwortlich ist, dieses zu bewahren und zu schützen.

Wir bekennen, dass die Heiligkeit des menschlichen Lebens in der Erschaffung der Menschheit im Bild und Gleichnis Gottes begründet ist.

Wir bekennen, dass das Leben eines Menschen mit der Empfängnis (Befruchtung) beginnt und bis zu seinem biologischen Tod währt. Deswegen sind Abtreibung (außer dort, wo die Fortsetzung der Schwangerschaft direkt das physische Leben der Mutter bedroht), Kindesmord, Selbstmord und Euthanasie Mord.

Wir bekennen, dass die strafrechtliche Sicht der sozialen Gerechtigkeit mit der Heiligkeit des menschlichen Lebens zu vereinbaren ist.

Wir bekennen, dass das Zurückhalten von Nahrung oder Wasser, um den Tod zu verursachen oder zu beschleunigen, eine Verletzung der Heiligkeit des Lebens darstellt.

Wir bekennen, dass es angesichts der fortschreitenden medizinischen Technologie, die die Unterscheidung zwischen Leben und Tod verdunkelt, wesentlich ist, dass jeder Grenzfall mit der größten Sorgfalt abgewogen wird, um die Heiligkeit des menschlichen Lebens zu bewahren.

Wir verwerfen die Auffassung, dass die Qualität des menschlichen Lebens Priorität vor seiner Heiligkeit habe.

Wir verwerfen die Auffassung, dass die Heiligkeit des vorgeburtlichen Lebens die Berechtigung notwendiger medizinischer Eingriffe zur Bewahrung des Lebens der schwangeren Mutter in Frage stelle.

Wir verwerfen die Auffassung, dass das Töten im Selbstverteidigungsfall, im Fall der vom Staat ausgeführten Todesstrafe oder in gerecht ausgetragenen Kriegen notwendigerweise eine Verletzung der Heiligkeit des menschlichen Lebens darstelle.

Wir verwerfen die Auffassung, dass diejenigen, die eine göttliche Grundlage für das Sittengesetz verwerfen, von der ethischen und sozialen Verpflichtung, unschuldiges menschliches Leben zu bewahren und zu schützen, ausgenommen seien.

Wir verwerfen die Auffassung, dass das Sterbenlassen ohne medizinische Intervention zur Verlängerung des Lebens immer eine Verletzung der Heiligkeit des Lebens sei.

Artikel VI: Ehe und Familie

Wir bekennen, dass der Zweck der Ehe die Verherrlichung Gottes und die Ausbreitung seines Königreiches auf der Erde in einer Institution ist, die für Keuschheit, Gemeinschaft, Fortpflanzung und christliche Erziehung von Kindern sorgt.

Wir bekennen, dass, weil die Ehe als ein heiliger Bund unter Gott Mann und Frau als ein Fleisch vereint, Kirche und Staat Treue gegenüber Gottes Absicht, dass sie ein beständiger Bund sein soll, verlangen sollten.

Wir bekennen, dass in der von Gott eingesetzten Eheordnung der Ehemann als Haupt der liebende Diener und Führer seiner Frau ist und die Ehefrau als Beistand in sich unterordnender Gemeinschaft ein vollwertiger Partner ihres Mannes ist.

Wir bekennen, dass die liebende Pflege und Erziehung der Kinder eine von Gott eingesetzte Pflicht der Eltern ist und Gehorsam eine von Gott eingesetzte Pflicht der Kinder gegenüber den Eltern.

Wir bekennen, dass die Kirche die Verantwortung hat, die Familie zu fördern.

Wir bekennen, dass das Ehren der Eltern eine lebenslange Pflicht aller Menschen ist und dies die Verantwortung für die Versorgung alter Menschen einschließt.

Wir bekennen, dass die Familie viele Funktionen wahrnehmen sollte, die gegenwärtig gemeinhin vom Staat wahrgenommen werden.

Wir verwerfen die Auffassungen, dass Vergnügen und Selbsterfüllung die Grundlage der Ehe seien und dass Schwierigkeiten ein vertretbarer Grund zum Bruch des Ehebundes seien.

Wir verwerfen die Auffassung, dass das biblische Eheideal entweder von einem Paar, das ohne den, dem Gesetz, entsprechenden Ehebund zusammenlebt, oder von irgendeiner Form des Zusammenlebens von Gleichgeschlechtlichen oder Gruppen erfüllt werden könne.

Wir verwerfen die Auffassung, dass der Staat das Recht habe, Sichtweisen von Ehe und Familie zu legitimieren, die den biblischen Maßstäben entgegenstehen.

Wir verwerfen die Auffassung, dass sich verändernde soziale Bedingungen jemals die von Gott eingesetzte Aufgabe von Ehe und Familie überholt oder hinfällig werden ließen.

Wir verwerfen die Auffassung, dass der Staat das Recht habe, die in der Bibel den Eltern übertragene Verantwortungsbereiche an sich zu reißen.

Artikel VII: Scheidung und Wiederheirat

Wir bekennen, dass die Ehe von Adam und Eva als eine lebenslängliche, monogame Beziehung das Vorbild für alle Ehen der Menschheit ist.

Wir bekennen, dass Gott Ehemann und Ehefrau in jeder, als Bund geschlossenen und vollzogenen, Ehe vereint und Übertreter des Bundes moralisch zur Verantwortung ziehen wird.

Wir bekennen, dass, weil das Wesen des Ehebundes die lebenslängliche Hingabe an den Bundespartner ist, die Behandlung des Scheiterns einer Ehe wenigstens zu Beginn das Ziel einer Versöhnung der Partner und die Wiederherstellung der Ehe haben sollte.

Wir bekennen, dass Gott Scheidung hasst, ganz gleich, wie sie motiviert ist.

Wir bekennen, dass, obwohl Gott Scheidung hasst, in einer sündigen Welt Trennung manchmal ratsam und Scheidung manchmal unausweichlich ist.

Wir bekennen, dass Gott bußfertigen Sündern vergibt, und zwar auch solchen, die durch Zertrennung der Ehe gesündigt haben.

Wir bekennen, dass die örtliche Gemeinde die Verantwortung hat, solche unter Gemeindezucht zu stellen, die die biblischen Ehemaßstäbe verletzen, die Bußfertigen mit Erbarmen wieder aufzunehmen und treu die Gnade denen zu verkündigen, deren Leben durch den Zerbruch ihrer Ehe gezeichnet ist.

Wir verwerfen die Auffassung, dass innerhalb der Schrift irgendein Widerspruch zum Thema Scheidung und Wiederheirat existiere.

Wir verwerfen die Auffassung, dass es Sünde sei, sich von einem promiskuitiven oder Missbrauch treibenden Ehepartner zu trennen oder getrennt von ihm zu leben.

Artikel VIII: Sexuelle Verirrungen

Wir bekennen, dass die Schrift Gottes Maßstäbe für sexuelle Beziehungen offenbart und alle Abweichungen davon Sünde sind.

Wir bekennen, dass sexueller Verkehr nur in einer verschiedengeschlechtlichen Ehebeziehung zulässig ist.

Wir bekennen, dass Gottes Gnade in Christus Männer und Frauen von der Bindung an davon abweichende sexuelle Praktiken befreien kann, gleich ob sie heterosexuell oder homosexuell sind, und dass die Kirche Verantwortung dafür übernehmen muss, solche Mitglieder in ein Leben, das Gott ehrt, wieder aufzunehmen.

Wir bekennen, dass Gott Homosexuelle ebenso wie andere Sünder liebt und dass man der Versuchung zur Homosexualität in der Kraft Christi zur Verherrlichung seiner Gnade ebenso widerstehen kann wie anderen Versuchungen.

Wir bekennen, dass Christen Barmherzigkeit, Güte und Vergebung im Dienst der Gnade Gottes an solchen, deren Leben von sexuellen Verirrungen gezeichnet ist, ausüben sollen.

Wir bekennen, dass menschliche Erfüllung nicht an der Erfüllung sexueller Wünsche hängt. Hedonismus und verwandte Philosophien, die eine promiskuitive Sexualität fördern, sind falsch und führen zum Untergang.

Wir bekennen, dass Pornografie das Wohlergehen der einzelnen, der Familien und ganzer Gesellschaften bedroht und dass es die Pflicht der Christen ist, zu versuchen, deren Produktion und Verbreitung zu verhindern.

Wir verwerfen die Auffassung, dass das Praktizieren von Homosexualität jemals Gott gefallen könne.

Wir verwerfen die Auffassung, dass Vererbung, Kindererziehung oder andere Umwelteinflüsse abweichendes sexuelles Verhalten entschuldigen könnten.

Wir verwerfen die Auffassung, dass sexuelle Belästigung und sexueller Missbrauch von Kindern im Allgemeinen und inzestuöse Beziehungen im Besonderen jemals gerechtfertigt sein könnten.

Wir verwerfen die Auffassung, dass es hoffnungslos sei, Befreiung vom Praktizieren der Homosexualität oder von anderen sexuellen Verirrungen zu suchen.

Wir verwerfen die Auffassung, dass Verdammung ohne Erbarmen oder Erbarmen ohne die Anwendung der Wahrheit der Schrift in zuversichtlicher Hoffnung eine Hilfe für die Heilung von sexuellen Verirrungen seien.

Artikel IX: Der Staat unter Gott

Wir bekennen, dass Gott die staatliche Regierung als ein Instrument seiner allgemeinen Gnade eingesetzt hat, um die Sünde einzudämmen, die Ordnung zu erhalten und Gerechtigkeit und allgemeines Wohlergehen zu fördern.

Wir bekennen, dass Gott der staatlichen Regierung das Recht gibt, Zwangsgewalt zur Verteidigung und Ermutigung derer, die das Gute tun, und zur gerechten Bestrafung derer, die das Böse tun, anzuwenden.

Wir bekennen, dass es zulässig und wünschenswert ist, dass Christen sich an der staatlichen Regierung beteiligen und sich zum Fürsprecher für die Verabschiedung von Gesetzen machen, die in Übereinstimmung mit Gottes moralischem Gesetz dem allgemeinen Wohl dienen.

Wir bekennen, dass es die Pflicht der Christen ist, für die staatlichen Autoritäten zu beten und ihnen zu gehorchen, außer wenn ein solcher Gehorsam ein Verletzen des moralischen Gesetzes Gottes beinhaltet oder die von Gott eingesetzte Verantwortung zum christlichen Zeugnis in Frage stellt.

Wir bekennen, dass Regierungen die Verantwortung vor Gott haben, Gesetze zu verabschieden und durchzusetzen, die im Einklang mit Gottes moralischem Gesetz stehen, soweit mitmenschliche Beziehungen davon betroffen sind.

Wir bekennen, dass Christi Herrschaft über die Kirche durch sein Wort nicht mit der Macht, die er staatlichen Regierungen gibt, vermischt werden darf. Solche Vermischungen verfälschen die Reinheit des Evangeliums und verletzen das Gewissen des Einzelnen.

Wir bekennen, dass, wenn Familien oder Gemeinden ihre von der Bibel definierten Pflichten vernachlässigen und so das Wohlergehen ihrer Mitglieder aufs Spiel setzen, der Staat rechtmäßig eingreifen darf.

Wir verwerfen die Auffassung, dass der Staat das Recht habe, die Autorität in anderen, von Gott eingesetzten Bereichen des Lebens, insbesondere der Kirche und der Familie, an sich zu reißen.

Wir verwerfen die Auffassung, dass das Königreich Gottes durch die Zwangsgewalt der staatlichen Regierung errichtet werden könne.

Wir verwerfen die Auffassung, dass der Staat das Recht habe, freiwillige Gebete und andere freiwillige religiöse Handlungen zu einer angemessenen Zeit in den öffentlichen Schulen zu verbieten.

Wir verwerfen die Auffassung, dass die Einsetzung einer bestimmten Regierung durch Gott unabhängig von der gerechten und treuen Ausführung der Pflichten durch diese Regierung einen besonderen Segen mit sich bringe.

Wir verwerfen die Auffassung, dass der Glaube an Gott eine notwendige Voraussetzung für den Dienst in der staatlichen Regierung sei oder sein Fehlen die gesetzliche Autorität der Regierenden zunichte mache.

Wir verwerfen die Auffassung, dass das Königreich Gottes durch die Macht der staatlichen Regierung errichtet werden könne.

Wir verwerfen die Auffassung, dass die Regierung das Recht habe, seinen Bürgern bestimmte Gebete oder Formen der Religionsausübung vorzuschreiben.

Artikel X: Gesetz und Gerechtigkeit

Wir bekennen, dass die Schrift der einzige unfehlbare Bericht über die unabänderlichen moralischen Prinzipien ist, die einer gesunden Rechtsprechung und einer angemessenen Philosophie der Menschenrechte zugrunde liegen.

Wir bekennen, dass Gott sein Bild in das Herz aller Menschen eingeprägt hat, so dass sie ihm moralisch für ihre Handlungen als Einzelne und als Mitglieder der Gesellschaft verantwortlich sind.

Wir bekennen, dass Gottes offenbartes Gesetz, die moralische Natur der Menschheit und die menschliche Gesetzgebung dazu dienen, die gefallene politische Ordnung vor Chaos und Anarchie zu schützen und die Menschheit auf die Notwendigkeit der Erlösung in Jesus Christus hinzuweisen.

Wir bekennen, dass das Evangelium nicht zum Gesetz gemacht werden kann und das Gesetz Sünder nicht retten kann.

Wir verwerfen die Auffassung, dass der Gesetzespositivismus oder irgendeine andere humanistische Gesetzesphilosophie in der Lage sei, die Notwendigkeit von absoluten Maßstäben für Gesetz und Gerechtigkeit zu erfüllen.

Wir verwerfen die Auffassung, dass irgendeine Person oder Gesellschaft Gottes Maßstäbe erfülle, so dass sie vor dem Tribunal der absoluten Gerechtigkeit Gottes sich selbst rechtfertigen könnte.

Wir verwerfen die Auffassung, dass irgendeine politische, wirtschaftliche oder soziale Ordnung frei von den tödlichen Konsequenzen der Erbsünde oder in der Lage sei, eine utopische Lösung oder einen Ersatz für die perfekte Gesellschaft anzubieten, die Christus allein bei seinem Zweiten Kommen errichten wird.

Artikel XI: Krieg

Wir bekennen, dass Gott Frieden und Gerechtigkeit zwischen den Nationen wünscht und Aggressionskriege verurteilt.

Wir bekennen, dass auf Gesetz gegründete Staaten das Recht und die Pflicht haben, ihr Gebiet und ihre Bürger gegen Aggression und Unterdrückung durch andere Mächte zu verteidigen, was die Vorbereitung für eine angemessene Zivilverteidigung der Bevölkerung einschließt.

Wir bekennen, dass Regierungen für eine berechtigte Verteidigung ihres Gebietes und ihrer Bürger nur gerechte Mittel des Krieges einsetzen sollten.

Wir bekennen, dass Krieg führende Staaten sich auf jedem nur erdenklichen Wege dafür einsetzen sollten, Schäden für Zivilisten gering zu halten.

Wir verwerfen die Auffassung, dass die Sache Christi mit irdischen Waffen verteidigt werden könne.

Wir verwerfen die Auffassung, dass es Christen verboten sei, bei der Verteidigung von auf Gesetz gegründeten Staaten Waffen zu tragen.

Wir verwerfen die Auffassung, dass das unterschiedslose Abschlachten von Zivilisten eine moralische Form der Kriegsführung sein könne.

Wir verwerfen die Auffassung, dass die Umstände der modernen Kriegsführung das Recht und die Pflicht der staatlichen Regierung zur Verteidigung ihres Gebietes und ihrer Bürger zunichte mache.

Artikel XII: Diskriminierung und Menschenrechte

Wir bekennen, dass Gott, der Mann und Frau in seinem Bild geschaffen hat, allen Menschen grundlegende Rechte geschenkt hat, die auf der natürlichen und der geistlichen Ebene zu schützen, zu erhalten und zu fördern sind.

Wir bekennen, dass alle Menschen letztlich vor Gott für den Gebrauch dieser Rechte verantwortlich sind.

Wir bekennen, dass Christen die Rechte anderer hochachten und verteidigen müssen, während sie [gleichzeitig] bereit sind, ihre eigenen Rechte zum Wohle anderer aufzugeben.

Wir bekennen, dass Christen ermahnt werden sollen, dem barmherzigen Vorbild Jesu nachzufolgen, indem sie die Lasten derer tragen, deren Menschenrechte beschnitten wurden.

Wir verwerfen die Auffassung, dass irgendein sogenanntes Menschenrecht, das die Lehre der Schrift verletzt, rechtmäßig sei.

Wir verwerfen die Auffassung, dass irgendeine Handlung annehmbar sei, die das natürliche oder geistliche Leben einer Person angreift oder beschneidet, indem sie die Menschenrechte dieser Person verletzt.

Wir verwerfen die Auffassung, dass Alter, Behinderung, wirtschaftliche Nachteile, Rasse, Religion oder Geschlecht als Grundlage für Diskriminierungen jemals die Versagung der Ausübung oder des Genusses der Menschenrechte rechtfertigen könnten.

Wir verwerfen die Auffassung, dass Elitebewusstsein oder der Griff nach der Macht mit Christi Ruf, unsere Rechte seinem Dienst zu weihen, zu vereinbaren seien.

Artikel XIII: Wirtschaft

Wir bekennen, dass man gültige, wirtschaftliche Prinzipien in der Schrift finden kann, die einen unerlässlichen Bestandteil einer christlichen Weltanschauung und Lebensauffassung bilden sollten.

Wir bekennen, dass materielle Reichtümer ein Segen von Gott sind, deren man sich in Dankbarkeit erfreuen sollte, und sie als Haushalterschaft unter Gott verdient, verwaltet und mitgeteilt werden sollten.

Wir bekennen, dass Christen von ihren Finanzen Opfer zur Unterstützung des Werkes der Kirche Gottes bringen sollten.

Wir bekennen, dass der Gebrauch der persönlichen und materiellen Mittel zur Verkündigung des Evangeliums sowohl für die Errettung der verlorenen Menschheit, als auch zur Überwindung der Armut notwendig ist, wo diese durch die Zugehörigkeit zu nichtchristlichen Religionssystemen gefördert wird.

Wir bekennen, dass das tätige Erbarmen über die Armen und Unterdrückten eine Verpflichtung ist, die Gott allen Menschen auferlegt, besonders denen, die über Reichtümer verfügen.

Wir bekennen, dass der Besitz von Reichtum seinen Besitzern Verpflichtungen auferlegt.

Wir bekennen, dass die Geldliebe eine Wurzel großer Übel ist.

Wir bekennen, dass menschliche Verdorbenheit, Habgier und der Wille zur Macht wirtschaftliche Ungerechtigkeit begünstigen und die Sorge um die Armen untergraben.

Wir bekennen, dass die Bibel das Recht des Privatbesitzes als eines Verwalteramtes unter Gott bekräftigt.

Wir verwerfen die Auffassung, dass die Schrift irgendeine Wirtschaftswissenschaft direkt lehre, obwohl es Prinzipien der Wirtschaft gibt, die aus der Schrift abgeleitet werden können.

Wir verwerfen die Auffassung, dass die Schrift lehrt, dass Mitleid mit den Armen ausschließlich durch ein bestimmtes wirtschaftliches System zum Ausdruck gebracht werden müsse.

Wir verwerfen die Auffassung, dass die Schrift lehre, dass Geld und Reichtum in sich böse sind.

Wir verwerfen die Auffassungen, dass die Schrift wirtschaftlichen Kollektivismus oder wirtschaftlichen Individualismus unterstütze.

Wir verwerfen die Auffassung, dass die Schrift den Gebrauch von Kapital zum Erwirtschaften von Einkommen verbiete.

Wir verwerfen die Auffassung, dass das richtige Zentrum der christlichen Hoffnung materieller Wohlstand sei.

Wir verwerfen die Auffassung, dass Christen ihre Finanzmittel vorrangig zur eigenen Befriedigung einsetzen sollten.

Wir verwerfen die Auffassung, dass die Errettung von Sünden notwendigerweise wirtschaftliche und politische Befreiung einschließe.

Artikel XIV: Arbeit und Ruhe

Wir bekennen, dass Gott die Menschheit in seinem Bild geschaffen und in seiner Gnade sowohl für die Arbeit, als auch für die Ruhe befähigt hat.

Wir bekennen, dass in jeder ehrenhaften Arbeit, wie niedrig sie auch sein mag, Gott mit und durch den Arbeitenden wirkt.

Wir bekennen, dass Arbeit die göttlich eingesetzte Art und Weise ist, wie wir Gott verherrlichen und für das Nötige sowohl für uns als auch für andere sorgen sollen.

Wir bekennen, dass Christen so gut sie können, arbeiten sollen, um Gott zu gefallen.

Wir bekennen, dass die Menschen sich jeder Autorität, die in ihrem Bereich der Arbeit vorhanden ist, sowohl demütig unterordnen, als auch diese gerecht ausüben sollen.

Wir bekennen, dass Menschen in ihrer Arbeit zuerst nach Gottes Reich und seiner Gerechtigkeit trachten und dabei von ihm in der Befriedigung ihrer materiellen Bedürfnisse abhängig sein sollen.

Wir bekennen, dass der Lohn eine gerechte Gegenleistung ohne Diskriminierung für die getane Arbeit sein sollte.

Wir bekennen, dass Ruhe im rechten Gleichgewicht mit Arbeit von Gott eingesetzt wurde und man sich zu seiner Ehre daran erfreuen soll.

Wir bekennen, dass Arbeit und ihre Ergebnisse nicht nur zeitlichen, sondern auch ewigen Wert haben, wenn sie zur Ehre Gottes getan und gebraucht werden.

Wir verwerfen die Auffassung, dass Menschen ihre Arbeit zur eigenen Erfüllung und Befriedigung verfolgen würden, anstatt Gott dienen und gefallen zu wollen.

Wir verwerfen die Auffassung, dass die Reichen mehr Recht auf Ruhe hätten, als die Armen.

Wir verwerfen die Auffassung, dass bestimmte Arten der Arbeit Menschen in Gottes Augen einen höheren Wert gäben als anderen Menschen.

Wir verwerfen die Auffassung, dass Christen entweder die Ruhe geringschätzen oder zum eigentlichen Ziel [der Arbeit] machen sollten.

Artikel XV: Reichtum und Armut

Wir bekennen, dass der gerechte und liebende Gott sich in besonderer Weise um die Armen in ihrer Not sorgt.

Wir bekennen, dass Gott sein Volk zur verantwortungsvollen Haushalterschaft sowohl ihres Lebens als auch ihres Besitzes aufruft.

Wir bekennen, dass aufopferungsvolle Anstrengungen, andere aus Armut, Unterdrückung und Leiden zu befreien, ein Kennzeichen christlicher Jüngerschaft sind.

Wir bekennen, dass die Reichen ebenso wenig habgierig wie die Armen neidisch sein sollten.

Wir verwerfen die Auffassung, dass wir uns zu Recht Jünger Christi nennen dürften, wenn wir die aktive Sorge für die Armen, Unterdrückten und Leidenden, insbesondere derer, die zur Familie der Glaubenden gehören, vermissen lassen.

Wir verwerfen die Auffassung, dass wir Reichtum und Armut immer als Maßstab für unsere Treue Christus gegenüber nehmen dürften.

Wir verwerfen die Auffassung, dass es für Christen notwendigerweise falsch sei, reich zu sein oder wenn einige mehr als andere besitzen.

Artikel XVI: Die Verwaltung der Umwelt

Wir bekennen, dass Gott die physikalische Umwelt zu seiner eigenen Herrlichkeit und zum Guten seiner menschlichen Geschöpfe erschaffen hat.

Wir bekennen, dass Gott die Herrschaft über die Schöpfung an die Menschheit delegiert hat.

Wir bekennen, dass die Menschheit wertvoller als die übrige Schöpfung ist.

Wir bekennen, dass die Herrschaft der Menschheit über die Erde dieser die Verantwortung für den Schutz des Lebens und der Ressourcen auf der Erde auferlegt.

Wir bekennen, dass Christen verantwortungsvolle wissenschaftliche Forschung und ihre Anwendung in der Technologie begrüßen sollten.

Wir bekennen, dass die Verwaltung der Erde des Herrn den produktiven Gebrauch der Ressourcen einschließt, die immer so weit wie möglich wieder ersetzt werden sollten.

Wir bekennen, dass die vermeidbare Verschmutzung der Erde, der Luft, des Wassers oder des Weltraums unverantwortlich ist.

Wir verwerfen die Auffassung, dass der Kosmos ohne die Menschheit ohne Wert sei.

Wir verwerfen die Auffassung, dass die biblische Sicht die verschwenderische Ausbeutung der Natur legitimiere oder dazu ermutige.

Wir verwerfen die Auffassung, dass Christen die gegen die Kultur gerichtete Verwerfung der Wissenschaft begrüßen sollten oder den fälschlichen Glauben, dass die Wissenschaft die Hoffnung der Menschheit ist.

Wir verwerfen die Auffassung, dass Einzelne oder Gesellschaften die Ressourcen des Universums zu ihrem eigenen Vorteil auf Kosten anderer Menschen und Gesellschaften ausbeuten sollten.

Wir verwerfen die Auffassung, dass eine materialistische Weltanschauung eine angemessene Grundlage für die Anerkennung der Werte und Bedeutung der Umwelt bieten könne.

1. Anhang: Das Kapitel zur Heiligen Schrift aus dem Westminster Bekenntnis (1648)*

– einschließlich der abgedruckten biblischen Belegstellen –

Einführung zum 1. und zum 2. Anhang

Das calvinistische Westminster Bekenntnis von 1648, das die anglikanische und die schottische Kirche in ihrer puritanischen Phase erarbeiteten und das weltweit für presbyterianische, in leicht veränderten Ablegern auch für kongregationalistische (Savoy Declaration, 1658) und für einen Teil der baptistischen Kirchen (Second London Baptist Confession, 1689) Geltung erlangte, ist der erste reformatorische Bekenntnistext, der ausführlich auf die durch den aufkommenden Rationalismus aufgeworfenen Fragen der Unfehlbarkeit der Schrift reagiert und die Schriftlehre im Aufbau an die erste Stelle (Kapitel 1) rückt. Da die Formulierungen des Bekenntnisses (und seiner Ableger) bewusst oder unbewusst die bibeltreue Bewegung bis heute mit prägen, soll hier das erste Kapitel (Artikel 1–10) zur Bibel wiedergegeben werden. Die vollständigen Belegstellen in den Anmerkungen sollen dabei eine erste Einführung in die einschlägigen Bibeltexte sein und können auch für das Studium und für die Überprüfung der Chicago-Erklärungen verwendet werden.

Die ersten beiden Abschnitte des reformierten Zweiten Helvetischen Bekenntnisses von 1566 widmen sich fast ein Jahrhundert vorher ebenfalls bereits der Schriftfrage. Sie werden deswegen im 2. Anhang als Beispiel eines kontinentaleuropäischen Bekenntnistextes der Reformationszeit ohne Belegstellen wiedergegeben.

---

* Übersetzung aus Thomas Schirrmacher (Hg.). *Der evangelische Glaube kompakt: Ein Arbeitsbuch*. Hänssler: Neuhausen, 1998[1]; RVB: Hamburg, 2004[2]. Als *englisches und lateinisches Original* wurde verwendet: E. F. K. Müller. *Die Bekenntnisschriften der reformierten Kirche*. Theologische Buchhandlung: Zürich, 1987 (Nachdruck von Leipzig, 1903). S. 542–612, hier S. 542–547.

Mit diesen beiden Auszügen aus europäischen Bekenntnistexten soll zugleich den amerikanischen Chicago-Erklärungen eine lange historische europäische Tradition gegenübergestellt werden, um die Prüfung der Chicago-Erklärungen zu erleichtern.

Kapitel I: Von der Heiligen Schrift

Artikel 1.1

Obwohl das Licht der Natur und die Werke der Schöpfung und Vorsehung*
die Güte, Weisheit und Macht Gottes so weit offenbaren**,
dass sie die Menschen ohne Entschuldigung lassen[a],
reichen sie doch nicht aus,
um jene Erkenntnis Gottes und seines Willens zu geben,
die zum Heil notwendig ist[b].

---

* Oder: Erhaltung (providence), gemeint ist Gottes fortwährende Herrschaft und Fürsorge über alles Geschaffene.
** Oder: manifestieren (manifest).
[a] **Röm 2,14–15:** „Denn wenn *Nationen, die kein Gesetz haben*, von Natur dem Gesetz entsprechend handeln, so sind sich diese, die kein Gesetz haben, *selbst ein Gesetz*. Sie beweisen, dass *das Werk des Gesetzes in ihren Herzen geschrieben ist*, indem *ihr Gewissen mit Zeugnis* gibt und *ihre Gedanken sich untereinander anklagen oder auch entschuldigen*".
Röm 1,19–20: „weil *das von Gott Erkennbare* unter ihnen offenbar ist, denn Gott hat es ihnen *geoffenbart*. Denn Gottes unsichtbares Wesen, sowohl seine ewige Kraft als auch seine Göttlichkeit, wird seit der Erschaffung der Welt *in dem Gemachten verstanden und geschaut, damit sie ohne Entschuldigung sind*."
Ps 19,2–4: „Die Himmel *erzählen die Herrlichkeit Gottes*, und das Himmelsgewölbe *verkündet das Werk seiner Hände*. Ein Tag sprudelt dem anderen Kunde zu, und eine Nacht meldet der anderen *Erkenntnis*, ohne Rede und ohne Worte, mit unhörbarer Stimme."
Röm 1,32–2,1: „(32) Obwohl sie Gottes Rechtsforderung *erkennen*, dass, die, die solches tun, *des Todes würdig sind*, tun sie dies nicht nur, sondern haben auch *Wohlgefallen* an denen, die es tun. (1) Deshalb bist du, o Mensch, *nicht zu entschuldigen*, jeder, der richtet; denn worin du den anderen richtest, verurteilst du dich selbst; denn du, der du richtest, tust dasselbe."
[b] **1Kor 1,21:** „Denn da in der Weisheit Gottes *die Welt Gott ja nicht durch die Weisheit erkannt hat*, hat es Gott wohlgefallen, die Glaubenden durch die Torheit der Predigt zu erretten."
1Kor 2,13–14: „Davon reden wir auch, *nicht in durch menschliche Weisheit gelehrten*

1. Anhang: Das Kapitel zur Heiligen Schrift ...

Darum hat es dem Herrn gefallen,
zu verschiedenen Zeiten und in unterschiedlichen Arten und Weisen
seiner Kirche sich selbst zu offenbaren und diesen seinen Willen zu
erklären[c]
und danach dies
zur besseren Bewahrung und Verbreitung der Wahrheit
und zur sichereren Gründung und Stärkung der Kirche gegen die
Verdorbenheit des Fleisches und die Bosheit Satans und der Welt
ganz und gar der Schrift anzuvertrauen[d].

Worten, sondern in durch den Geist gelehrten Worten, indem wir Geistliches durch Geistliches auslegen. *Der natürliche Mensch* nimmt dagegen nicht an, was des Geistes Gottes ist, weil es *für ihn eine Torheit ist*, und *er kann es nicht erkennen, weil es geistlich beurteilt werden muss.*"

[c] **Hebr 1,1**: „Nachdem Gott *vorzeiten vielfältig und auf vielerlei Weise* zu den Vätern durch die Propheten geredet hat."

[d] **Spr 22,19–21**: „Damit sich dein Vertrauen auf den HERRN gründet, belehre ich dich heute, gerade dich. Habe ich dir nicht dreißig Sprüche als Ratschläge und Erkenntnis *aufgeschrieben, um dich die Wahrheit zuverlässiger Worte zu lehren,* so dass du denen, die dich gesandt haben, zuverlässige Antwort geben kannst?"

Lk 1,3–4: „So hat es auch mir gut geschienen, nachdem ich allem von Anfang an genau gefolgt bin, es dir, vortrefflichster Theophilus, *in guter Ordnung aufzuschreiben, damit du die Zuverlässigkeit der Lehre erkennst,* in der du unterrichtet worden bist."

Röm 15,4: „Denn *alles, was zuvor geschrieben ist, ist zu unserer Belehrung geschrieben,* damit wir Hoffnung durch das Ausharren und durch die Ermunterung *der Schriften* haben."

Mt 4,4.7.10 (Die drei Antworten Jesus bei seiner Versuchung durch den Satan, ThSch): „(4) Er aber antwortete und sprach: *Es steht geschrieben:* ‚Der Mensch soll nicht von Brot allein leben, sondern von jedem Wort, das aus dem Mund Gottes hervorgeht. (7) Jesus sprach zu ihm: *Wiederum steht geschrieben:* ‚Du sollst den Herrn, deinen Gott, nicht versuchen. (10) Da spricht Jesus zu ihm: Hebe dich hinweg, Satan! *Denn es steht geschrieben:* ‚Du sollst den Herrn, deinen Gott, anbeten und ihm allein dienen."

Jes 8,19–20: „Und wenn sie zu euch sagen: Befragt die Totengeister und die Wahrsagegeister, die da flüstern und murmeln, so sagt: *Soll nicht ein Volk seinen Gott befragen?* Oder soll man die Toten für die Lebenden befragen? *Hin zum Gesetz und hin zum Zeugnis* (oder Offenbarung)! Wenn sie nicht nach diesem Wort sprechen, wird es keine Morgenröte für sie geben."

Dies macht die Heilige Schrift höchst notwendig[e],
nachdem jene früheren Wege, auf denen Gott seinen Willen seinem
Volk offenbarte, nunmehr aufgehört haben.[f]

Artikel 1.2

Unter dem Namen die Heilige Schrift oder das geschriebene Wort
Gottes
werden jetzt alle Bücher des Alten und Neuen Testamentes zusammengefasst,
nämlich folgende:

Altes Testament: Genesis, Exodus, Leviticus, Numeri, Deuteronomium[*], Josua, Richter, Ruth, 1. Samuel, 2. Samuel, 1. Könige, 2. Könige, 1. Chronik, 2. Chronik, Esra, Nehemia, Esther, Hiob, Psalmen, Sprüche, Prediger, das Hohelied, Jesaja, Jeremia, Klagelieder, Hesekiel, Daniel, Hosea, Joel, Amos, Obadja, Jona, Micha, Nahum, Habakuk, Zefanja, Haggai, Sacharja, Maleachi.

Neues Testament: Die Evangelien nach Matthäus, Markus, Lukas, Johannes, die Apostelgeschichte, die Briefe des Paulus an die Römer, 1. Korinther, 2. Korinther, Galater, Epheser, Philipper, Kolosser, 1. Thessalonicher, 2. Thessalonicher, 1. Timotheus, 2. Timotheus, Titus, Philemon, der Brief an die Hebräer, der Brief des Jakobus, 1. und 2. Brief des Petrus, 1., 2. und 3. Brief des Johannes, der Brief des Judas, die Offenbarung,

die alle durch Inspiration Gottes gegeben wurden,
um die Richtschnur des Glaubens und Lebens zu sein[g].

---

[e] **2Tim 3,15**: „weil du von Kind auf *die heiligen Schriften kennst, die Kraft haben, dich weise zu machen zur Errettung* durch den Glauben, der in Christus Jesus ist."
2Petr 1,19: „*Um so fester besitzen wir das prophetische Wort*, und ihr tut gut, darauf wie auf eine Lampe zu achten, die an einem dunklen Ort leuchtet, bis der Tag anbricht und der Morgenstern in euren Herzen aufgeht."
[f] **Hebr 1,1–2**: „Nachdem Gott vorzeiten vielfältig und auf vielerlei Weise zu den Vätern durch die Propheten geredet hat, *hat er am Ende dieser Tage zu uns geredet im Sohn*, den zum Erben aller Dinge eingesetzt hat, durch den er auch die Welten geschaffen hat."
[*] Auch 1. Buch Mose bis 5. Buch Mose.
[g] **Lk 16,29.31**: „(29) Abraham aber sprach: *Sie haben Mose und die Propheten*; mögen sie die hören. (31) Er sprach aber zu ihm: *Wenn sie Mose und die Propheten nicht hören*, so werden sie auch nicht überzeugt werden, wenn jemand aus den Toten aufersteht."

Artikel 1.3

Die Bücher, die gewöhnlich Apokryphen genannt werden,
sind, da sie nicht von Gott inspiriert sind,
kein Bestandteil des Kanons der Schrift
und haben deswegen keine Autorität in der Kirche Gottes
und sollten in keiner anderen Weise anerkannt und gebraucht werden, als andere menschliche Schriften[h].

Artikel 1.4

Die Autorität der Heiligen Schrift,
um deretwillen man ihr glauben und gehorsam sein muss,
beruht nicht auf dem Zeugnis irgendeines Menschen
oder einer Kirche,
sondern völlig auf Gott, der die Wahrheit selbst ist,
als ihrem Autor[*],
und darum ist sie anzunehmen,
weil sie das Wort Gottes ist[i].

Eph 2,20: „aufgebaut *auf dem Grund der Apostel und Propheten*, wobei *Jesus Christus selbst der Eckstein ist*."
Offb 22,18–19: „Ich bezeuge allen, die die Worte der Weissagung dieses Buches hören: *Wenn jemand etwas hinzufügt*, so wird Gott ihm die Plagen hinzufügen, die in diesem Buch geschrieben sind; und *wenn jemand etwas wegnimmt* von den Worten des Buches dieser Weissagung, so wird Gott seinen Anteil am Baum des Lebens und an der heiligen Stadt wegnehmen, von denen in diesem Buch geschrieben steht."
2Tim 3,16: „*Alle Schrift ist von Gott eingegeben und nützlich* zur *Lehre*, zur *Überführung*, zur *Zurechtweisung*, zur *Unterweisung* in der Gerechtigkeit."
[h] **Lk 24,27.44**: „(27) Und von *Mose und von allen Propheten* anfangend, erklärte er ihnen, was in allen Schriften von ihm gesagt war. (44) Er sprach aber zu ihnen: Dies sind meine Worte, die ich zu euch redete, als ich noch bei euch war, dass alles erfüllt werden muss, was in dem *Gesetz Moses* und den *Propheten* und *Psalmen* über mich geschrieben steht."
Röm 3,2: „Viel in jeder Hinsicht, denn zuerst sind *ihnen die Aussprüche Gottes anvertraut* worden."
2Petr 1,21: „Denn *niemals wurde eine Weissagung durch den Willen eines Menschen hervorgebracht, sondern getrieben von dem Heiligen Geist* redeten Menschen von Gott her."
[*] Oder: Urheber.
[i] **2Petr 1,19.21**: „(19) *Um so fester besitzen wir das prophetische Wort*, und ihr tut gut, darauf wie auf eine Lampe zu achten, die an einem dunklen Ort leuchtet, bis der Tag anbricht und der Morgenstern in euren Herzen aufgeht. (21) Denn *niemals wurde eine*

Artikel 1.5

Wir können **zwar** durch das Zeugnis der Kirche dazu bewogen und angeleitet werden,
die Heilige Schrift hochzuschätzen und ehrerbietig zu betrachten[k];
auch das himmlische Wesen des Inhalts,
die Wirkungskraft der Lehre,
die Erhabenheit der Redeweise,
die Übereinstimmung aller ihrer Teile,
der Gesamtzweck[*] des Ganzen, (der darin besteht, alle Ehre Gott zu geben),
die von ihr gewährte völlige Enthüllung des einzigen Weges zum Heil für den Menschen,
die vielen andern unvergleichlichen Vorzüge,
und ihre gänzliche Vollkommenheit darin
sind Gründe, durch die sie zum Überfluss beweist,
dass sie das Wort Gottes ist;
Nichtsdestoweniger kommt **jedoch** unsere volle Überzeugung und Gewissheit
von ihrer unfehlbaren Wahrheit
und deren göttlichen Autorität
aus dem inneren Wirken des Heiligen Geistes,
der durch und mit dem Wort in unsern Herzen Zeugnis gibt[l].

Weissagung durch den Willen eines Menschen hervorgebracht, sondern getrieben von dem Heiligen Geist redeten Menschen von Gott her."
2Tim 3,16 (siehe Anmerkung g zu Artikel 1.2.).
1Joh 5,9: „Wenn wir [schon] das Zeugnis der Menschen annehmen, so *ist das Zeugnis Gottes größer*; denn das ist das Zeugnis Gottes, dass er Zeugnis über seinen Sohn gegeben hat."
1Thess 2,13: „Und darum danken auch wir Gott unablässig, dass, als ihr von uns das Wort der göttlichen Predigt empfingt, ihr es *nicht als Menschenwort aufnahmt, sondern, wie es in Wahrheit ist, als Gottes Wort*, das in euch, die ihr glaubt, auch wirkt."
[k] 1Tim 3,15: „Wenn ich aber später komme, sollst du wissen, wie man sich im Hause Gottes verhalten muss, das die *Gemeinde des lebendigen Gottes ist, der Pfeiler und die Grundfeste der Wahrheit.*"
[*] Oder: Rahmen (scope).
[l] 1Joh 2,20: „Und ihr habt die *Salbung* von dem Heiligen und wisst alles."
Joh 16,13–14: „Wenn aber jener, *der Geist der Wahrheit*, gekommen ist, wird er *euch in die ganze Wahrheit führen*; denn er wird nicht aus sich selbst reden, sondern was er hören wird, wird er reden, und das Zukünftige wird er euch verkündigen."

Artikel 1.6

Der ganze Ratschluss Gottes
in Bezug auf alles,
was zu seiner eigenen Ehre
und zum Heil, zum Glauben und zum Leben des Menschen nötig ist,
ist entweder in der Schrift ausdrücklich niedergelegt
oder kann durch gute und notwendige Schlussfolgerungen
aus der Schrift hergeleitet werden;
Dazu darf niemals etwas hinzugefügt werden,
sei es durch neue Offenbarung des Geistes
oder durch menschliche Traditionen[m].
Nichtsdestoweniger erkennen wir an,
dass die innere Erleuchtung des Geistes Gottes
zum heilschaffenden[*] Verständnis solcher Dinge, die im Wort geoffenbart sind, notwendig ist,[n]

1Kor 2,10–12 (siehe folgende Anmerkung n zum folgenden Artikel 1.6).

Jes 59,21: „Was mich betrifft – dies ist mein Bund mit ihnen, spricht der HERR: *Mein Geist, der auf dir ruht, und meine Worte, die ich in deinen Mund gelegt habe*, sollen weder aus deinem Mund noch aus dem Mund deiner Kinder, noch aus dem Mund der Kindeskinder weichen, spricht der HERR, von nun an bis in Ewigkeit."

[m] 2Tim 3,15–17: „weil du von Kind auf *die heiligen Schriften kennst, die Kraft haben, dich weise zu machen zur Errettung* durch den Glauben, der in Christus Jesus ist. *Alle Schrift ist von Gott eingegeben und nützlich* zur Lehre, zur Überführung, zur Zurechtweisung, zur Unterweisung in der Gerechtigkeit, damit der Mensch Gottes vollkommen ist, zugerüstet zu allen guten Werken."

Gal 1,8: „Wenn aber auch wir (selbst) oder ein Engel aus dem Himmel euch etwas als Evangelium verkündigten, *was anders ist*, als das, das wir euch als Evangelium verkündigt haben, der sei verflucht! Wie wir es eben gesagt haben, so sage ich es noch einmal: Wenn jemand euch *etwas anderes* als Evangelium verkündigt als das, was ihr empfangen habt, der sei verflucht!"

2Thess 2,2: „Lasst euch nicht schnell in eurem Sinn erschüttern noch erschrecken, *weder durch Geist, noch durch Wort, noch durch Brief, als (wären sie) von uns*, als ob der Tag des Herrn schon da wäre."

[*] Oder: errettenden, seligmachenden.

[n] **Joh 6,45:** „Es steht in den Propheten geschrieben (Jes 54,13): ‚Und sie werden alle von Gott gelehrt sein'. Wer es vom Vater gehört und gelernt hat, kommt zu mir."

1Kor 2,9–12: „Sondern wie geschrieben steht (Jes 64,3): ‚Was kein Auge gesehen und kein Ohr gehört hat und in keines Menschen Herz gekommen ist, was Gott denen, die ihn lieben, bereitet hat'. *Uns aber hat Gott es durch den Geist geoffenbart*, denn der Geist erforscht alles, auch die Tiefen Gottes. Denn wer unter den Menschen weiß, was im Menschen ist, als allein der Geist des Menschen, der in ihm ist? So hat auch nie-

und dass es einige Umstände bezüglich des Gottesdienstes und der Kirchenleitung gibt,
die menschlichen Handlungen und Gesellschaften gemein sind,
die durch das Licht der Natur und christliche Klugheit
nach den allgemeinen Regeln des Wortes,
die stets beachtet werden müssen,
geordnet werden müssen.°

Artikel 1.7
In der Schrift sind nicht alle Dinge gleichmäßig in sich selbst klar und auch nicht klar für alle^p;
aber diejenigen Dinge, die zu erkennen, zu glauben und zu beobachten,
zum Heil notwendig sind,
sind an der einen oder anderen Stelle der Schrift
so klar dargelegt und aufgedeckt,
dass nicht nur die Gelehrten,
sondern auch die Ungelehrten
bei rechtem Gebrauch der gewöhnlichen Hilfsmittel
zu einem hinreichenden Verständnis derselben gelangen können.

Artikel 1.8
Das Alte Testament auf Hebräisch
(das von alters her die Muttersprache des Volkes Gottes war)
und das Neue Testament auf Griechisch
(das zur Zeit der Niederschrift den Völkern am allgemeinsten

---

mand erkannt, was in Gott ist, als nur der Geist Gottes. *Wir aber* haben nicht den Geist der Welt empfangen, sondern *den Geist, der aus Gott ist, damit wir die Dinge erkennen, die uns von Gott geschenkt* worden sind."

° **1Kor 11,13–14**

1Kor 14,26.40: „(26) Was ist nun, Brüder? Wenn ihr zusammenkommt, so hat jeder einen Psalm, hat eine Lehre, hat eine Sprachenrede, hat eine Offenbarung, hat eine Auslegung. *Lasst alle Dinge zur Auferbauung (oder: zum Nutzen) geschehen.* (40) „Alles aber geschehe *anständig und in Ordnung*."

^{p} **2Petr 3,16**: (über die Briefe von Paulus, ThSch) „wie auch in allen Briefen, wenn er in ihnen von diesen Dingen redet. In diesen ist *einiges schwer zu verstehen, was die Unwissenden und Unbefestigten* wie auch die übrigen Schriften zu ihrem eigenen Verderben *verdrehen.*"

bekannt war)
sind unmittelbar von Gott inspiriert
und durch seine besondere Fürsorge und Vorsehung
zu allen Zeiten rein bewahrt worden,
und sind deshalb authentisch*,r
so dass sich die Kirche in allen Religionsstreitigkeiten letztlich auf sie
zu berufen hats.
Aber weil diese Ursprachen nicht dem ganzen Volk Gottes bekannt
sind,
das Anrecht und Interesse an der Schrift hat und
Befehl empfangen hat,
sie in der Furcht des Herrn zu lesen und zu erforschen^t,
so ist sie deshalb in die Umgangssprache jedes Volkes,
zu dem sie gelangt,^u
zu übersetzen,

---

* Oder: zuverlässig.
^r **Mt 5,18**: „Denn wahrlich, ich sage euch: Bis der Himmel und die Erde vergehen, soll auch *nicht ein Jota oder ein Strichlein* (Luther 1984 freier: der kleinste Buchstabe, noch ein Tüpfelchen) vom Gesetz *vergehen*, bis alles geschehen ist."
^s **Jes 8,20**: „*Hin zum Gesetz und hin zum Zeugnis* (oder Offenbarung)! Wenn sie nicht nach diesem Wort sprechen, wird es keine Morgenröte für sie geben."
Apg 15,15 (mit einer Berufung auf die Schrift endet das Apostelkonzil, ThSch) (siehe Anmerkung y zum folgenden Artikel 1.9.).
Joh 5,39.46: „(39) Ihr erforscht die Schriften, denn ihr meint, in ihnen ewiges Leben zu finden, und (tatsächlich:) sie sind es, die von mir zeugen. (46) Denn wenn ihr Mose glauben würdet, so würdet ihr mir glauben, denn er hat von mir geschrieben."
^t **Joh 5,39** (siehe letzte Anmerkung s zu diesem Artikel 1.8.).
^u **1Kor 14,6.9.11–12.24.27–28**: „(6) Nun aber, Geschwister, wenn ich zu euch komme und in Zungen rede, was werde ich euch nützen, wenn ich nicht zu euch in (verständlichen) Worten der Offenbarung oder der Erkenntnis oder der Weissagung oder der Lehre rede? (9) So auch ihr, wenn ihr durch die Zungenrede *keine verständliche Rede* weitergebt, wie soll man erkennen, was geredet wird? Denn *ihr werdet in den Wind reden*. (11) Wenn ich nun die Bedeutung der Zungenrede nicht kenne, so werde ich dem Redenden *ein Barbar* sein und der Redende für mich ein Barbar. (12) So auch ihr, da ihr nach den Gaben des Geistes eifert, so eifert danach, dass ihr zur Auferbauung der Gemeinde überströmend seid. (24) Wenn aber alle weissagen und irgendein Ungläubiger oder Unkundiger kommt herein, so wird er von allen überführt und von allen beurteilt. (27) Wenn nun jemand in einer Zunge redet, so sollen es zwei oder höchstens drei sein, die nacheinander sein, und einer soll es *übersetzen*. (28) Wenn aber kein *Übersetzer* da ist, so soll er in der Gemeinde schweigen, sondern für sich und für Gott reden." (vgl. auch V. 16: nur wenn man versteht, kann man Amen sagen, ThSch).

damit das Wort Gottes in allen reichlich wohne
und sie ihm in wohlgefälliger Weise dienen[w]
und durch Geduld und Trost der Schrift Hoffnung haben.[x]

Artikel 1.9

Die unfehlbare Regel der Auslegung der Schrift ist die Schrift selbst;
und wenn deshalb eine Frage über den wahren und vollen Sinn einer Schriftstelle besteht
(der nicht vielfältig, sondern nur einer ist),
so muss er aus anderen Stellen,
welche klarer reden, erforscht und verstanden werden.[y]

Artikel 1.10

Der oberste Richter,
vor dem alle Religionsstreitigkeiten zu entscheiden sind
und alle Konzilsbeschlüsse,
Meinungen der alten Schriftsteller[*],
Lehren der Menschen und einzelnen Geister
zu prüfen sind und in dessen Urteil
wir zur Ruhe kommen müssen,
kann niemand anderes sein als der Heilige Geist,
der in der Schrift redet[z] .

---

[w] **Kol 3,16**: „*Lasst das Wort Christi reichlich unter euch* (oder: in euch) *wohnen*. In aller Weisheit lehrt und ermahnt euch gegenseitig, mit Psalmen, Lobgesängen und geistlichen Liedern singt Gott in Gnade in euren Herzen."

[x] **Röm 15,4**: „Denn *alles, was zuvor geschrieben* wurde, wurde *zu unserer Belehrung* (oder: zur Lehre für uns) geschrieben, damit wir *durch die Geduld und durch den Trost* (oder: die Ermunterung) *der Schriften Hoffnung* haben."

[y] **2Petr 1,20–21**: „Und dies sollt ihr vor allem wissen, dass keine Weissagung der Schrift aus eigener Deutung geschieht (Luther 1984: keine Sache eigener Auslegung ist). Denn noch nie wurde eine Weissagung aus menschlichem Willen hervorgebracht, sondern von Gott her redeten Menschen, getrieben vom Heiligen Geist."
Apg 15,15–16 (als Beispiel des Vorgehens im NT, ThSch): „Und hiermit stimmen die Worte der Propheten überein, wie geschrieben steht (Amos 9,11–12): ‚Nach diesem will ich wieder zu ihnen zurückkehren und die Hütte Davids, die zerfallen ist, wieder bauen und ihre Trümmer will ich wieder aufbauen und sie wieder aufrichten'." (vgl. auch **Hebr 4,12–13**, ThSch).

[*] Gemeint sind die Kirchenväter.

[z] **Mt 22,29.31**: „(29) Jesus aber antwortete und sprach zu ihnen: *Ihr irrt, weil ihr weder*

2. Anhang: Die Abschnitte zur Irrtumslosigkeit der Schrift aus dem Zweiten Helvetischen Bekenntnis (1562/1566)*

(Zur Einleitung siehe die Einleitung zum 1. Anhang.)

Kapitel 1: Von der Heiligen Schrift, dem wahren Worte Gottes

Die kanonische Schrift

Wir glauben und bekennen, dass die kanonischen Schriften der heiligen Propheten und Apostel der beiden Testamente das wahre Wort Gottes selbst sind und dass sie genügend Autorität in sich selbst besitzen, die nicht vom Menschen stammt. Denn Gott selbst hat zu den Vätern, Propheten und Aposteln gesprochen und redet auch heute noch durch die Heilige Schrift zu uns. Und in dieser Heiligen Schrift hat die weltweite[53] Kirche Christi eine vollkommene Darstellung von dem, was auch immer man zum errettenden Glauben wie auch für ein Leben, das Gott gefällt, wissen muss. Aus diesem Grund ist es von Gott ausdrücklich befohlen worden, niemals irgend etwas hinzuzufügen oder wegzustreichen (5 Mose 4,2).

---

die Schriften, noch die Kraft Gottes *kennt*. (31) Habt ihr denn von der Totenauferstehung *nicht gelesen, was zu euch geredet ist von Gott, der da spricht?"*
Eph 2,20 mit Apg 28,25: „auferbaut *auf dem Grund der Apostel und Propheten*, wobei Jesus Christus selbst der Eckstein ist." „Sie waren aber unter sich uneins und gingen weg, als *Paulus* das eine Wort sprach: Zu Recht *hat der Heilige Geist durch Jesaja, den Propheten*, zu euren Vätern *geredet"* (vgl. auch **Hebr 4,12–13**, ThSch).
*Übersetzung von Thomas Schirrmacher. Als *lateinisches Original* wurde verwendet: E. F. K. Müller. *Die Bekenntnisschriften der reformierten Kirche*. Theologische Buchhandlung: Zürich, 1987 (Nachdruck von Leipzig, 1903). S. 170–221, hier S. 170–173. Das Bekenntnis ‚Confessio helvetica posterior' wurde 1562 von dem Schweizer Reformator **Heinrich Bullinger** verfasst, jedoch erst 1566 veröffentlicht und als Bekenntnisschrift verwendet.
[53] Oder: gesamte, universale.

Die Schrift lehrt vollkommen über die ganze Frömmigkeit

Wir sind deswegen der Meinung, dass aus dieser Schrift die wahre Weisheit und Frömmigkeit, die Reformation und Leitung der Kirchen, die Grundsätze für alle Aufgaben der Frömmigkeit und schließlich der Beweis der Dogmen und auch der Gegenbeweis, sowie die Widerlegung aller Irrtümer, aber auch alle Ermahnungen und Ermunterungen zu entnehmen sind, im Einklang mit dem Apostelwort „Alle Schrift ist von Gott eingegeben und nützlich zur Lehre, zur Strafe" usw. (2Tim 3,16). Derselbe schreibt ebenfalls an Timotheus: „Dieses schreibe ich dir, damit du weißt, wie du im Hause Gottes wandeln sollst" usw. (1Tim 3,14–15). Dasselbe schreibt er auch an die Thessalonicher (1Thess 2,13).

Die Schrift ist Wort Gottes

Der Herr hat auch selbst im Evangelium gesagt: „Ihr seid es nicht, die da reden, sondern der Geist eures Vaters ist es, der durch euch redet" (Mt 10,20). Darum: „Wer euch hört, der hört mich; und wer euch verachtet, der verachtet mich" (Lk 10,16; Joh 13,20).

Die Verkündigung des Wortes Gottes ist Wort Gottes

Wenn deswegen dieses Wort Gottes heute durch rechtmäßig berufene Verkündiger in der Kirche gepredigt und von den Gläubigen angenommen wird, glauben wir, dass Gottes Wort selbst gepredigt und von den Gläubigen angenommen wird und dass man kein anderes Wort Gottes erfinden oder vom Himmel zu kommen erwarten darf. Desgleichen müssen wir jeweils auf das Wort selbst achten, das verkündigt wird, und nicht auf den verkündigenden Diener, denn wenn dieser auch ein schlechter Mensch und ein Sünder wäre, so bleibt es trotzdem nichtsdestoweniger als Gottes Wort wahr und gut. Wir vertreten auch, dass man diese äußere Predigt nämlich nicht etwa als nutzlos ansehen darf, weil ja die Unterweisung des wahren Glaubens von der inneren Erleuchtung des Geistes abhängig sei, weswegen es auch geschrieben stünde: „Es wird keiner den anderen noch ein Bruder den anderen lehren ..., sondern sie werden mich kennen" (Jer 31,34); desgleichen: „So ist nun weder der da pflanzt noch der da begießt etwas, sondern Gott, der das Wachstum gibt" (1Kor 3,7); es kann ja niemand zu Christus kommen, außer wenn ihn nicht der Vater zieht (Joh 6,44); und dass er inwendig durch den Heiligen Geist erleuchtet sei: So wissen wir dennoch, dass Gott auf alle Fälle will, dass das Wort Gottes öffentlich verkündigt wird. Sicher hätte Gott durch seinen Heiligen Geist oder durch Dienste der Engel den Cornelius in der Apostelgeschichte auch ohne den Dienst des heiligen Petrus unterweisen können. Trotzdem verwies er ihn an Petrus, von dem der Engel sagt: „Dieser wird dir sagen, was du tun sollst" (Apg 10,6).

Die innere Erleuchtung hebt die äußere Verkündigung nicht auf

Denn genau der, der durch die Gabe des Heiligen Geistes die Menschen inwendig erleuchtet, gibt seinen Jüngern den Befehl: „Gehet hin in alle Welt und predigt das Evangelium aller Kreatur" (Mk 16,15). Daher verkündigte Paulus der Purpurkrämerin Lydia in Philippi das Wort äußerlich, innerlich aber tat der Herr der Frau das Herz auf (Apg 16,14). Genauso folgert Paulus in einem überzeugenden Schluss: „So kommt der Glaube aus der Verkündigung, die Verkündigung aber durch das Wort Gottes" (Röm 10,17). Wir verkennen allerdings nicht, dass Gott Menschen auch ohne den äußeren Dienst erleuchten kann, wen und wann er will. Es ist seiner Macht anheimgestellt. Wir reden aber von der gewöhnlichen Weise, Menschen zu unterrichten, wie sie uns durch Befehl und Beispiel von Gott überliefert wurde.

Irrlehren

Wir verwerfen deswegen alle Irrlehren des Artemon, der Manichäer, der Valentiner, des Cerdo und der Marcioniten, die geleugnet haben, dass die Schriften vom Heiligen Geist hervorgebracht wurden, oder die bestimmte Schriften nicht anerkannt oder mit Einschüben versehen oder verdorben haben.

Apokryphen

Wir geben uns indessen über gewisse Bücher des Alten Testamentes, die von den Alten als Apokryphen, von andern als Ecclesiastici bezeichnet wurden, keiner Täuschung hin. Man wollte nämlich, dass sie zwar in den Kirchen gelesen, nicht aber herangezogen werden sollten, um aus ihnen den Glauben zu bekräftigen, wie auch Augustin im Buch vom Gottesstaat (Buch 18, Kapitel 38) daran erinnert, dass in den Königebüchern die Namen und Bücher gewisser Propheten aufgeführt seien, aber hinzufügt, dass diese nicht zum Kanon gehören, während für die Frömmigkeit die Bücher, die wir haben, genügten.

Kapitel 2: Von der Auslegung der Heiligen Schrift, und von den Kirchenvätern, Konzilien und Traditionen

Die richtige Auslegung der Schrift

Die Heilige Schrift ist, wie es der Apostel Petrus sagt, nicht der privaten Auslegung zu überlassen (2Petr 1,20). Darum billigen wir nicht jede beliebige Auslegung. Deswegen erkennen wir auch nicht das als wahre und ursprüngliche Schriftauslegung an, was man die Meinung der römischen Kirche nennt, also das, was die Verteidiger der römischen Kirche allen zur Aufnahme aufdrängen. Wir erkennen dagegen nur die Schriftauslegung als wahr[54] und ursprünglich an, die aus den Schriften selbst erarbeitet ist, (aus dem Geist der Sprache gewonnen, in der sie geschrieben sind, und zwar dem Zusammenhang entsprechend und nach dem Verständnis ähnlicher oder unterschiedlicher, vor allem aber deutlicherer Stellen,) was dann ja auch mit der Regel des Glaubens und der Liebe übereinstimmt und besonders zur Ehre Gottes und zum Heil der Menschen dient.

Die Auslegungen der heiligen Väter

Darum verachten wir die Auslegungen der heiligen griechischen und lateinischen Väter nicht, und verwerfen auch ihre Überlegungen und Abhandlungen heiliger Geschichten nicht, wenn sie mit den Schriften übereinstimmen. Wir ziehen uns jedoch in Bescheidenheit von ihnen zurück, wenn sie den Schriften fremde oder entgegengesetzte Dinge vorziehen. Wir glauben aber nicht, dass ihnen damit von uns irgendein Unrecht geschieht, weil sie ja alle einmütig ihre eigenen Schriften nicht den kanonischen gleichstellen wollten, sondern fordern, zu prü-

---

[54] Oder: orthodox (lat. ‚orthodoxa').

fen, wieweit sie entweder mit jenen übereinstimmen oder von ihnen abweichen, und verlangen, das Übereinstimmende anzunehmen, aber von dem Abweichenden Abstand zu nehmen.

Konzilien

In dieselbe Reihe stellen wir auch die Erklärungen und Beschlüsse der Konzilien. Deshalb dulden wir nicht, dass man uns in strittigen Fragen der Religion oder des Glaubens einfach durch Sätze der Väter oder durch Konzilbeschlüsse, erst recht aber nicht durch angenommene Gewohnheiten oder durch die Vielfalt der Meinungen oder durch seit langer Zeit geltende Vorschriften einengt.

Wer ist der Richter?

Darum anerkennen wir in Glaubensfragen keinen anderen Richter als Gott selbst, der durch die Heilige Schrift verkündigt, was wahr ist und was falsch ist, was zu befolgen und was zu vermeiden ist. So nehmen wir von vom Geist gesalbten Menschen Urteile an, die aus dem Worte Gottes erwachsen sind. Jeremia und bestimmte Propheten haben jedenfalls das Konzil[55] der Priester, das gegen das Gesetz Gottes gerichtet war, scharf verurteilt und haben eifrig ermahnt, nicht auf die Väter zu hören noch die Wege derer zu betreten, die in ihren Erfindungen wandeln und sich vom Gesetz Gottes abgewandt haben.

Menschliche Überlieferungen

Desgleichen verwerfen wir menschliche Überlieferungen, auch wenn sie sich würdevolle Titel zulegen, als ob sie göttlichen und apostolischen Ursprungs seien, etwa als lebendige Stimme der Apostel oder als aus der Hand apostolischer Männer stammend, von Bischöfen weitergegeben, von der Kirche überliefert, die aber im Vergleich mit den Schriften zu ihnen im Gegensatz stehen und durch diese ihre Gegensätzlichkeit beweisen, dass sie keineswegs apostolisch sind. Wie nämlich die Apostel untereinander nichts Gegensätzliches gelehrt haben, so haben auch die Apostelschüler nichts den Aposteln Widersprechendes überliefert. Es ist wahrhaft gottlos, zu behaupten, die Apostel hätten durch ihre

---

[55] Andere übersetzen ‚Rat' (lat. ‚concilia') – es handelt sich jedoch um ein Wortspiel mit ‚Konzil' bzw. um eine bewusste Anspielung auf die kirchlichen Konzilien.

lebendige Stimme Dinge überliefert, die ihren Schriften widersprechen. Paulus sagt unmissverständlich, dass er in allen Kirchen dasselbe gelehrt habe (1Kor 4,17); desgleichen: „Wir schreiben euch nichts anderes, als was ihr lest und auch erkennt" (2Kor 1,13). An anderer Stelle bezeugt er ebenfalls, dass er und seine Schüler, das sind apostolische Männer, denselben Weg gehen und in demselben Geiste alles genauso tun (2Kor 12,18). Auch die Juden hatten ja ihre Überlieferungen der Alten, die aber vom Herrn scharf mit dem Hinweis zurückgewiesen worden sind, dass deren Beachtung dem Gesetz Gottes entgegensteht und man durch sie Gott vergeblich verehrt (Mt 15,3ff; Mk 7,1ff).

3. ANHANG: BIBELTREU ODER DER BIBEL TREU?
GLAUBWÜRDIGKEIT UND UNFEHLBARKEIT DER SCHRIFT
Überarbeitete Fassung 2009

Arbeitsgrundlage war ein Vortrag für ein Symposium der Arbeitsgruppe Systematische Theologie des Arbeitskreises für evangelikale Theologie 2003 im Marburger Bibelseminar (Tabor) 2003 – eine ältere Fassung erschien als: „Bibeltreu oder der Bibel treu? Glaubwürdigkeit und Irrtumslosigkeit der Schrift". S. 45–58 in: Christian Herrmann (Hg.). Wahrheit und Erfahrung – Themenbuch zur Systematischen Theologie. Band 1. Wuppertal: R. Brockhaus, 2004.

THOMAS SCHIRRMACHER

Vorbemerkung

Ein ‚bibeltreues' Schriftverständnis will zunächst wie bei anderen Themen der Systematischen Theologie lediglich das Selbstzeugnis der Heiligen Schrift erarbeiten (2Tim 3,14–17), systematisch formulieren und unserer Generation verständlich machen (1Kor 9,19–23), immer neu vernünftig prüfen (Röm 12,2), verteidigen (1Petr 3,15–17), predigen (2Tim 4,2) und persönlich beherzigen (1Tim 4,16; Jak 1,22–25). Vertreter dieser Sicht gehen zugleich davon aus, dass dieses Selbstzeugnis der Schrift als wahr, glaubwürdig und zuverlässig das vorherrschende Bekenntnis der Kirche aller Zeiten war[3] und auch für das ‚sola

---

[3] Vgl. John H. Gerstner. „Die kirchliche Lehre über die Inspiration der Bibel". S. 9–51 in: James M. Boice. Die Unfehlbarkeit der Bibel. Schulte + Gerth: Asslar & Immanuel Verlag: Riehen, 1987; Eckhard Schnabel. Inspiration und Offenbarung: Die Lehre vom Ursprung und Wesen der Bibel. TVG. Brockhaus: Wuppertal, 1986[1]; 1997[2]. S. 9–102; Wilhelm Koelling. Die Lehre von der Theopneustie. Carl Dülfer: Breslau, 1891. S. 83–457; John Hannah (Hg.). Inerrancy and the Church. Moody Press: Chicago, 1984 (zu den Kirchenvätern, der Scholastik, den Reformatoren, Wesley usw.), darin bes. John D. Hannah. „The Doctrine of Scripture in the Early Church". S. 3–36 und Wayne R. Spear. „Augustine's Doctrine of Biblical Infallibility". S. 37–66; Thomas Kinker. Die Bibel verstehen und auslegen: Ein praktischer Hermeneutikkurs. 2 Bde. Theologisches Lehr- und Studienmaterial 13/14. Verlag für Kultur und Wissenschaft: Bonn, 2003. Bd.

scriptura' der Reformation ebenso wie für den Pietismus eine entscheidende Rolle spielte.[1] Bibeltreue wird dabei nicht als Buchstäblichkeit verstanden, da dies sowohl sprachwissenschaftlich Unsinn ist, denn kein Satz, den wir sprechen, kann wirklich durchgängig ‚buchstäblich' verstanden werden, als auch die Schrift sich selbst nicht automatisch so auslegt. Vielmehr geht es um den Sinn, den der Text ursprünglich haben sollte. Bibeltreue steht auch in keiner Frontstellung zu echter wissenschaftlicher Forschung an der Bibel, hat Gott uns doch als seine Ebenbilder den Verstand zur Erkenntnis seiner Offenbarung und zur Prüfung gegeben (Röm 12,1–2) und erfordert ein möglichst korrektes Verständnis dessen, was die Schrift sagt, viel Zeit, Energie und Wissen, da es sich um einen Text in einer anderen Sprache aus einer anderen kulturellen Umwelt handelt.

Vertreter dieser Sicht verwenden als Selbstbezeichnung lieber einen Ausdruck, der den Beziehungsaspekt des Wortes Gottes als eines Wortes, das von dem Gott kommt, an den wir glauben, zum Ausdruck bringt, wie z. B. ‚Bibeltreue' oder ‚Glaubwürdigkeit der Schrift', wie wir im Folgenden sehen werden. Noch einfacher wäre es, das Wort Gottes schlicht als ‚wahr' zu bezeichnen, wie es sich selbst oft bezeichnet (Ps 119,43+160; 2Tim 2,25; 1Thess 2,13; Joh 17,17). Doch alle diese Begriffe ebenso wie der davor übliche Begriff ‚unfehlbar'[2] sind inflationär und vielseitig verwendet geworden, so dass oft der Begriff ‚Irrtumslo-

---

1, S. 156–189, vgl. Bd. 2, S. 733–850.

[1] Vgl. besonders zur reformatorischen Theologie Armin Buchholz. Schrift Gottes im Lehrstreit: Luthers Schriftverständnis und Schriftauslegung in seinen großen Lehrstreitigkeiten der Jahre 1521–28. Lang: Frankfurt, 1993; Brunnen: Gießen, 2007; Gottfried Wachler. Die Inspiration und Irrtumslosigkeit der Schrift: Eine dogmengeschichtliche und dogmatische Untersuchung zu H. Sasse, Sacra Scriptura. Biblicums Skriftserie 4. Stiftelsen Biblicum: Uppsala, 1984; William Traub. „Die Lehre von der Schrift in den reformierten Bekenntnisschriften". Bibel und Gemeinde 97 (1997) 2: 98–116; Thomas Schirrmacher (Hg.). Der Evangelische Glaube kompakt: Ein Arbeitsbuch: Das Westminster Glaubensbekenntnis von 1647 ... Hänssler: Neuhausen, 1998; RVB: Hamburg, 2004, bes. Artikel 1.1.–1.10.; Thomas Schirrmacher (Hg.). Anwalt der Liebe: Martin Bucer als Theologe und Seelsorger. Jahrbuch des Martin Bucer Seminars 1 (2001). VKW: Bonn, 2001; zum 19. und 20. Jh.: Stephan Holthaus. Fundamentalismus in Deutschland: Der Kampf um die Bibel im Protestantismus des 19. und 20. Jahrhunderts. VKW: Bonn, 1993^1; 2003^2.

[2] Eigentlich müsste ‚Unfehlbarkeit' mehr als ‚Irrtumslosigkeit' bedeuten, denn irrtumslos bedeutet nur, dass etwas ohne Fehler ist, unfehlbar aber, dass es gar keine Fehler haben kann. Aber der inflationäre Gebrauch von ‚Unfehlbarkeit' hat das Gegenteil bewirkt.

sigkeit' verwendet wird, um die Position eindeutig zu beschreiben, der allerdings teilweise auch unter ‚Bibeltreuen' als unglücklich gilt und vermieden wird.³ Für Vertreter dieser Position bedeuten diese Begriffe aber nichts anderes als ‚wahr' und ‚Wahrheit'.

Wenn sich etwa die Glaubensbasis der Deutschen Evangelischen Allianz „zur göttlichen Inspiration der Heiligen Schrift, ihrer völligen Zuverlässigkeit und höchsten Autorität in allen Fragen des Glaubens und der Lebensführung" bekennt, ist damit für Vertreter dieser Sicht alles gesagt, aber alle diese Formulierungen werden längst auch von denen gebraucht, die umfangreich Sachkritik an der Schrift üben.

Jesus, das Wort Gottes, und die Bibel, das Wort Gottes

Da das Heil in Jesus Christus der Mittelpunkt der Schrift ist (2Tim 3,14–15) und die Schrift Jesus als das Reden und das Wort Gottes schlechthin offenbart (Joh 1,1–3+14; Offb 19,13),⁴ kann ein bibeltreues Schriftverständnis nur christologisch begründet sein.

Hier wird aber auch ein auffallender Unterschied zwischen der europäischen und amerikanischen Einordnung der ganzen Frage in der Systematischen Theologie auch unter ‚Bibeltreuen' deutlich. In Europa ist die Frage, inwieweit die Bibel ‚Gottes Wort' ist, immer trinitarisch im Rahmen der Offenbarung Gottes in seinem Sohn diskutiert worden. Die Bibel als Gottes Wort steht dabei gewissermaßen im Windschatten der Offenbarung Gottes in seinem Sohn Jesus Christus als ‚das Wort Gottes' schlechthin.⁵ In den USA und in den Chicago-Erklärungen wird die Frage, inwieweit die Bibel Gottes Wort ist und wie man dem-

---

³ Z. B. A. T. B. McGowan. The Divine Spiration of Scripture. Nottingham (GB): Apollos, 2007.

⁴ Zur trinitarischen Bedeutung dieser Aussage auch für das Alte Testament vgl. Thomas Schirrmacher. Christus und die Dreieinigkeit im Alten Testament. RVB: Hamburg, 2001.

⁵ S. z.B. unter den Vätern der bibeltreuen Bewegung in Europa Heinrich Jochums. Bekenntnis: Gottes Wort bleibt Gottes Wort. Verlag der Ev. Gesellschaft für Deutschland: Wuppertal, 1965². S. 7–9; René Pache. Inspiration und Autorität der Bibel. R. Brockhaus: Wuppertal, 1976² (franz. Original 1967). S. 19–21; Richard M. Horn. Ein Buch spricht für sich selbst. Verlag der Liebenzeller Mission: Bad Liebenzell, 1979. S. 20–37; oder im Bereich der konservativen lutherischen Dogmatik Walter Künneth. Fundamente des Glaubens. R. Brockhaus: Wuppertal, 1980⁴. S. 50–63.

entsprechend mit ihr umgehen sollte, meist unabhängig von der restlichen Dogmatik diskutiert. Das zeigt sich daran, dass in der 1. Chicagoerklärung gar nicht und in der 2. Erklärung nur kurz in Artikel II gesagt wird, dass Christus die Mitte der Schrift ist, nirgends aber ausdrücklich thematisiert wird, dass Jesus das Wort Gottes ist: „Wir bekennen, dass die Person und das Werk Jesu Christi das Zentrum der gesamten Bibel sind. Wir verwerfen die Auffassung, dass irgendeine Auslegungsmethode, die den christozentrischen Charakter der Schrift verwirft oder verdunkelt, richtig sei."[6]

Noch verblüffender ist, dass die Aussage in der Trinitätslehre der 3. Erklärung völlig fehlt, die doch eine Art Minidogmatik und -ethik darstellt. Kein Wunder, dass in Europa hier am häufigsten die Kritik an den Chicago-Erklärungen insbesondere seitens reformatorischer Theologen angesetzt hat.[7]

Von daher spielt die Frage nach dem Schriftverständnis Jesu eine wichtige Rolle und wurde oft als Ausgangspunkt für die Begründung der völligen Glaubwürdigkeit der Schrift – auch in historischer Hinsicht – gewählt.[8]

Dass Jesus das Wort Gottes ist, wurde von sich als historisch-kritisch verstehenden Theologen oft als Begründung dafür verwendet, dass die Heilige Schrift nicht Wort Gottes sein könne. Aber dieselbe Schrift, die uns Jesus als das Wort Gottes offenbart, offenbart,

---

[6] Thomas Schirrmacher (Hg.). Bibeltreue in der Offensive. a. a. O. S. 32.

[7] Jüngst ausführlich und sehr angriffig in Siegfried Zimmer. Schadet die Bibelwissenschaft dem Glauben? Göttingen: Vandenhoeck & Ruprecht, 2007, auch wenn seine These, die Bibeltreuen würden die Bibel an die Stelle von und auf eine Stufe mit Gott stellen, weder an konkreten Veröffentlichungen belegt wird, noch haltbar ist – s. etwa die in der letzten Anmerkung genannte Literatur.

[8] Das bedeutendste Beispiel ist sicher John Wenham. Jesus und die Bibel. Hänssler: Holzgerlingen, 2000. bes. S. 25–108+133ff [Kurzfassung in Fundamentum 1/94+2/94 „Christi Sicht der Schrift"]; so schon Zwingli, siehe Gottfried W. Locher. Die Theologie Huldrych Zwinglis im Lichte seiner Christologie. Erster Teil: Die Gotteslehre. Studien zur Dogmengeschichte und systematischen Theologie 1. S. 24–29; vgl. auch Thomas Jeromin. Die Bibel über sich selbst: Das Selbstverständnis der biblischen Schriften. Edition Ichthys. Brunnen Verlag: Gießen, 2003. S. 19–50; Edmund P. Clowney. „Wie Christus die Heilige Schrift interpretiert: Predigt über Lukas 24,26 und 27". Fundamentum 3/1984: 23–37; R. Laird Harris. Inspiration and Canonicity of the Scripture. A Press: Greenville (SC), 1996. S. 34–46. Vgl. auch die ältere Studie Johannes Hänel. Der Schriftbegriff Jesu. Beiträge zur Förderung christlicher Theologie 14 (1919) 5–6. C. Bertelsmann: Gütersloh, 1919, bes. 149–154.

1. dass Jesus die „Worte Gottes" spricht (Joh 3,34; 17,8; vgl. 8,28–29+31–32+46–47);
2. dass Jesus selbst die „Schrift" „Wort Gottes" (z. B. Mk 7,10–13) u. ä. nennt, und über die „Schrift" weitreichende, sie autorisierende Aussagen als Reden Gottes macht (z. B. Joh 10,34; Mk 12,10; Mk 12,24);
3. dass Jesus viele alttestamentliche Ereignisse als historisch tatsächlich geschehen voraussetzt. Thomas Kinker schreibt dazu:

   „Die alttestamentlichen Ereignisse, die Jesus erwähnt bzw. auf die er Bezug nimmt, sieht er als historisch im Sinne von ‚tatsächlich geschehen' an. Dabei ist es auffallend und bezeichnend, dass gerade solche Abschnitte vorkommen, die dem heutigen Menschen am wenigsten annehmbar erscheinen (z. B. Jona und der Fisch oder das Manna)! Beispiele sind: Abel (Lk 11,51); Noah (Mt 24,37–39; Lk 17,26f); Abraham (Joh 8,56); die Einsetzung der Beschneidung (Joh 7,22; vgl. Gen 17,10–12; Lev 12,3); Sodom und Gomorra (Mt 10,15; 11,23f; Lk 10,12); Lot (Lk 17,28–32); Abraham, Isaak und Jakob (Mt 8,11; Lk 13,28); das Manna (Joh 6,31.49.58); die Schlange in der Wüste (Joh 3,14); David, als er das Schaubrot aß (Mt 12,3f; Mk 2,25f; Lk 6,3f); Salomo bzw. die Königin von Saba (Mt 6,29; 12,42; Lk 11,31; 12,27); Elia (Lk 4,25f); Elisa (Lk 4,27); Jona/Ninive (Mt 12,39–41; Lk 11,29f.32); Sacharja (Lk 11,51); Mose als Geber des Gesetzes (Mt 8,4; 19,8; Mk 1,44; 7,10; 10,5; 12,26; Lk 5,14; 20,37; Joh 5,46; 7,19); Bezüge auf Gen 1 und 2 (Mt 19,4f; Mk 10,6–8)."[9]

4. offenbart sich selbst als Wort Gottes, denn die Bezeichnung „Wort Gottes" wie auch viele andere klassische Bezeichnungen der Bibel stammen aus der Bibel selbst.[10] Mit „Wort Gottes" oder „Gottes Wort" wird zwar oft auch die Verkündigung (im NT z. B. Apg 18,11; 1Thess 2,13; 2Tim 2,9; 1Petr 4,11), der Inhalt der Verkündigung oder das Evangelium (z. B. Apg 13,7; Röm 9,6; Eph 6,17; 1Thess 2,13; 1Joh 2,14; Hebr 13,7), aber auch die jeweils vorher

---

[9] Thomas Kinker. Die Bibel verstehen und auslegen. a. a. O. Bd. 1. S. 59–60.
[10] Weitere Argumente für die Gleichsetzung von Wort Gottes und Heiliger Schrift siehe in Benjamin B. Warfield. The Inspiration and Authority of the Bible. a. a. O., darin bes. „It Says', ‚Scripture Says', ‚God Says'". S. 299–348; „The Terms ‚Scripture' ...". S. 229–241; vgl. S. 351–407; René Pache. Inspiration und Autorität der Bibel. a. a. O. S. 73–79; Eckhard Schnabel. Inspiration und Offenbarung. a. a. O. S. 125–127; Morton H. Smith. Systematic Theology. 2 Bde. Greenville Seminary Press. Greenville (SC), 1994. Bd. 1. S. 70–73; Armin Buchholz. Schrift Gottes im Lehrstreit: Luthers Schriftverständnis ... a. a. O. S. 16–17+231ff.

vorhandenen Schriften (z. B. Spr 30,5–6) und im Neuen Testament unmittelbar das Alte Testament (z. B. Mk 7,10–13; vgl. Joh 10,35: „Wort Gottes", „Schrift") bezeichnet.

Koran oder Jesus, Buch oder Person?

Im christlichen Glauben kommt Gott in seiner Offenbarung den Menschen nahe. Er kommt zum Menschen, er spricht mit den Menschen, er spricht die Sprache der Menschen, er gibt der Beziehung zwischen Gott und Mensch eine tragfähige Grundlage, indem er sich selbst an sein Wort bindet und als der absolut Treue und Zuverlässige Glauben und Vertrauen ermöglicht.

Gerade deswegen drängt aber die fortlaufende Offenbarung Gottes in der Heilsgeschichte auf eine schriftliche Fassung, die die Zuverlässigkeit greifbarer macht und allen Menschen Gott in menschlicher Sprache nahe bringt.

Die schriftliche Offenbarung ihrerseits drängt aber wieder auf ihre Erfüllung in einer Weise, in der uns Gott von sich aus *noch näher* kommt: Gott wird in Christus Mensch und „wohnt unter uns" (Joh 1,14). Gott wird in Christus „Immanuel", „Gott unter uns" (Mt 1,23). Deswegen hebt die Fleischwerdung Gottes in Jesus die schriftliche Offenbarung nicht auf, sondern erfüllt sie als das eigentliche Wort Gottes.

Doch auch damit nicht genug! Gott will uns noch näher kommen. Jesus, wahrer Mensch und wahrer Gott, verlässt nach seiner Auferstehung mit seinem neuen Leib die Erde und sendet an seiner Statt *den Heiligen Geist*, der nicht nur der gesamten Menschheit viel näher kommen kann, als Jesus, sondern seit Pfingsten in den Gläubigen wohnt, ihrem Geist Gottes Geist bezeugt, und ihnen die innere Kraft gibt, nach Gottes Willen zu leben (Röm 8,3–4). Näher kann uns Gott nicht kommen!

Der Dreischritt

1. Schritt: Gott kommt den Menschen nahe, in dem er ihre Sprache spricht, sich ihnen offenbart und ihnen seinen Willen auch in schriftlicher Form übergibt. (z. B. 2Tim 3,14–17)

> 2. Schritt: Gott kommt den Menschen noch näher, in der selbst in Christus Mensch wird und sich den Menschen unmittelbar offenbart. (z. B. Joh 1,1+14; 14,9)
>
> 3. Gott kommt den Menschen noch näher, indem er durch seinen Geist in allen wohnt, die an Jesus Christus glauben. (z. B. Röm 8,9–14)

Der Unterschied zum Islam kann hier beim Verständnis helfen. Für einen Muslim ist es schon sehr schwer nachzuvollziehen, dass die Bibel Menschenwort und Gotteswort zugleich ist, da er sich Gottes Wort nur ohne menschliches Zutun denken kann.[11]

Noch schwerer ist es für ihn nachzuvollziehen, dass in Jesus Christus Gott und Mensch zusammen kommen, zumal er davon geprägt ist, dass das nur Götzendienst sein kann.

Doch so sehr dieser Punkt im Mittelpunkt der Ablehnung des Christentums steht, da schon der Koran als Hauptübel der Christen sieht, dass sie den menschlichen Propheten Jesus dem einen Gott als Sohn „beigesellen", so sehr zeigt die Erfahrung, dass der nächste Schritt endgültig die Vorstellungskraft eines Muslims übersteigt, dass nämlich Christen glauben, dass Gottes Geist als dritte Person des einen Gottes in den Gläubigen wohnt.

Im Mittelpunkt des *Islam* steht neben Gott der Koran, also ein Buch, weil es aus der Ewigkeit in die Welt gesandt wurde.

Im Mittelpunkt des *Christentums* steht neben Gott Jesus Christus, also eine Person, weil sie aus der Ewigkeit in die Welt gesandt wurde.

Auch wenn man Bibel und Koran natürlich oft in ihrem Inhalt, ja ihrem Selbstverständnis als ‚Wort Gottes' miteinander vergleicht, ist die Bibel in gewissen Sinn eigentlich nicht das richtige Gegenüber zum Koran. „Der Koran kann im interreligiösen Vergleich nicht eigentlich neben die Bibel gestellt werden, sondern – bei allen Unterschieden, die dabei sichtbar werden – nur neben Jesus: ‚Was Christus für das Christentum, das ist der Koran für den orthodoxen Islam.'"[12]

---

[11] Vgl. dazu ausführlicher Thomas Schirrmacher. Koran und Bibel. kurz + bündig. Hänssler: Neuhausen, 2007.
[12] Hans Zirker. Der Koran. Primus: Darmstadt, 1999¹. S. 45.

Oder anders gesagt: „Im Mittelpunkt des Christentums steht eine Person, Christus; im Mittelpunkt des Islams dagegen ein Buch, der Koran"[13]. Das hat damit zu tun, dass der im Islam der Koran direkt aus der Ewigkeit Gottes kommt, im Christentum aber nicht die geschichtlich entstandene Bibel, sondern Jesus, der Sohn Gottes.

Allerdings gilt für diese Gegenüberstellung eine Einschränkung, die Hans Zirker so formuliert: „Dies wird nicht hinreichend berücksichtigt, wo man vergleichend nur feststellt, wie das Christentum die ‚Inkarnation' des Wortes Gottes, die Menschwerdung, bekenne, so der Islam die ‚Inlibration' – die ‚Buchwerdung'. Zwar ist diese Analogie insofern deutlich berechtigt, als das Christentum die unüberbietbare Offenbarung Gottes in Jesus Christus, der Islam sie im Koran sieht. Doch besteht dabei ein gravierender Unterschied, der den Begriff der ‚Inlibration' fragwürdig werden lässt: ‚Die Mutter der Schrift', das himmlische Buch, bleibt bei Gott, wird nicht selbst den Menschen zugesandt, sondern der Koran (wie zuvor auch die anderen prophetischen Schriften); erst recht bleibt Gott als der absolut transzendente Schöpfer nach wie vor von aller Geschöpflichkeit geschieden. Deshalb bringt die Mitteilung von ‚Gottes Wort' im Koran nicht – wie im christlichen Verständnis die ‚Inkarnation' – Gott selbst zu geschichtlich-welthafter Gegenwart und Erfahrbarkeit. Offenbarung ist für den Islam nicht Selbstmitteilung Gottes."[14]

Im Islam steht der Stifter Muhammad unter der Heiligen Schrift. Er erhält seine Bedeutung von der Schrift, da er ihr Empfänger und Verkündiger ist.

Im Christentum steht der Stifter Jesus über der Heiligen Schrift. Sie erhält ihre Bedeutung von ihm. Jesus ist das eigentliche „Wort Gottes", die Schrift legt als „Wort Gottes" von ihm Zeugnis ab.

Im *Koran* wird Mohammed durch das Wunder des Koran selbst beglaubigt, er ist in seiner Bedeutung ganz und Gottes Wort unterstellt und nur als Überbringer und Prophet von Bedeutung. Als Muhammad von seinen arabischen Landsleuten, noch von Juden und Christen als Prophet Gottes anerkannt wurde und auch das angedrohte Gericht nicht eintrat, musste er sich des zunehmenden Spotts und der Bedrohung in seiner Heimatstadt Mekka erwehren. Muhammads Zeitge-

---

[13] Louis Gardet. Der Islam. Köln: J. P. Bachem, 1968. S. 39.
[14] Hans Zirker. Der Koran. A. a. O. S. 49–50.

nossen, so berichtet der Koran, forderten von ihm ein Wunder wie es alle früheren Propheten vollbracht hatten (Sure 20,133). Muhammad wollte aber keine Wunder tun und verwies stattdessen auf den Koran als sein Wunder. Muhammads Zeitgenossen erkannten den Koran als Ersatz für ein echtes Wunder zunächst nicht an (Sure 11,13; 10,37–38). Muhammad forderte seine Zeitgenossen nun auf, ein dem Koran ähnliches Dokument zu erschaffen, was sie nicht vollbringen konnten (Sure 17,88). Die islamische Theologie nennt das das „Beglaubigungswunder".

In der *Bibel* wird Jesus als Gottessohn zwar nirgends gegen die schriftliche Offenbarung gestellt, aber doch deutlich gemacht, dass die Inkarnation Jesu als Mensch alle schriftliche Offenbarung und die gesamte Heilsgeschichte erfüllt, aber damit auch überbietet. So heißt es in Hebr 1,1–5: „Nachdem Gott vorzeiten vielfach und auf vielerlei Weise geredet hat zu den Vätern durch die Propheten, hat er in diesen letzten Tagen zu uns geredet durch den Sohn, den er eingesetzt hat zum Erben über alles, durch den er auch die Welt gemacht hat. *Er ist der Abglanz seiner Herrlichkeit und das Ebenbild seines Wesens und trägt alle Dinge mit seinem kräftigen Wort und hat vollbracht die Reinigung von den Sünden ... Denn zu welchem Engel hat Gott jemals gesagt: ‚Du bist mein Sohn, heute habe ich dich gezeugt'? und wiederum: ‚Ich werde sein Vater sein, und er wird mein Sohn sein'?"

Selbst der Apostel Paulus schreibt: „Denn unser Wissen ist Stückwerk, und unser prophetisches Reden ist Stückwerk. Wenn aber kommen wird das Vollkommene, so wird das Stückwerk aufhören." (1Kor 13,9–10). [So etwas könnte der Koran niemals über sich sagen.] Was aber ist dieses Vollkommene? Es ist die ausstehende Begegnung mit Jesus Christus selbst. „Wir sehen jetzt durch einen Spiegel ein dunkles Bild; dann aber von Angesicht zu Angesicht. Jetzt erkenne ich stückweise; dann aber werde ich erkennen, wie ich erkannt bin." (1Kor 13,12).

Der katholische Weltkatechismus schreibt dazu: „Der christliche Glaube ist jedoch nicht eine ‚Buchreligion'. Das Christentum ist die Religion des ‚Wortes' Gottes, ‚nicht eines schriftlichen, stummen Wortes, sondern des menschgewordenen, lebendigen Wortes' (Bernhard, hom. miss. 4,11). Christus, das ewige Wort des lebendigen Gottes, muß durch den heiligen Geist unseren Geist ‚für das Verständnis der Schrift' öffnen (Lk 24,45), damit sie nicht toter Buchstabe bleibe." (§ 108).

Jesus ist nach neutestamentlichem Zeugnis „das Wort Gottes" (Joh 1,1–3; Hebr 11,1). In Jesus redet Gott in seiner ureigentlichen Form. Die Theologie hat Christus deswegen einhellig als ‚Herrn der Schrift' gesehen. Jesus ist etwa „Herr über den Sabbat" (Mt 12,8), obwohl man vom Sabbat „im Gesetz lesen" kann (Mt 12,5).

Das Christentum verehrt seinen Stifter in gleicher Weise wie Gott selbst. Jesus ist für die Kirche nicht nur Urheber oder Wiederentdecker metaphysischer und ethischer Lehren, wie Buddha oder Konfuzius, nicht nur der Gesandte eines sich ihm offenbarenden Gottes, wie Mose oder Muhammad, nicht nur eine Inkarnation des Weltenherrn, der göttliche Weisheit verkündet, wie Krishna, sondern er ist dies alles zusammen und darüber hinaus Gott selbst. Er ist durch Geburt, Kreuzestod, Auferstehung und Himmelfahrt Mittel- und Wendepunkt der Weltgeschichte und als Weltenrichter im Jüngsten (= letzten) Gericht Ziel der Weltgeschichte.

Jesus steht nicht nur am Anfang der christlichen Botschaft oder ist nur deren Vermittler, sondern schuf die reale Grundlage für sie, ja ist die Botschaft selbst.

Das Wesen Gottes – das Wesen der Schrift

Wir können Gott, den Vater, von uns aus nicht erkennen (Joh 1,18; 5,37; 6,46; Mt 11,27; 1Tim 6,16; 1Joh 4,12) und wissen von uns aus nichts über Gott (Hiob 36,26). Doch der Gott der Liebe (2Kor 13,1; 1Joh 4,8+16) hat sich selbst als der erste Missionar zum Menschen gesandt (Gen 3,9) und ist in Jesus Christus (Mt 10,40; Mk 9,37; Lk 10,16; Apg 3,20+26; ca. 50 mal in Joh, erstmals Joh 3,17; vgl. schon Jes 48,16) und dann im Heiligen Geist (Joh 14,26; 15,26; Lk 24,49) zum Missionar schlechthin und offenbar geworden. Nur von dorther leitet sich unsere Mission ab (Joh 17,18; 20,21). Diese ‚Missio Dei'[15] ist das eigentliche Wunder der Offenbarung. Da ist es nicht verwunderlich, dass sich das Wesen Gottes im Wesen des Wortes Gottes widerspiegelt.

---

[15] Vgl. meinen Aufsatz „Missio Dei". S. 165–188 in: Klaus W. Müller (Hg.). Mission im Islam: Festschrift für Eberhard Troeger. VTR: Nürnberg & VKW: Bonn, 2007 und in Kurzform „Missio Dei" in Thomas Schirrmacher. Weltmission – Das Herz des christlichen Glaubens. Bonn: VKW, 2001. S. 201ff; vgl. S. 20f. und „Missio Dei' – Dievas, pirmasis misionierius". Prizme 2 (2004): 1–3 (Litauisch).

Weil Gottes Ordnungen und Zielvorgaben im Wesen Gottes selbst wurzeln, werden etliche Eigenschaften Gottes im Alten und Neuen Testament auch dem Gesetz Gottes und dem Wort Gottes zugesprochen. Die Schriften sind wesensmäßig heilig, weil sie von einem heiligen Gott kommen, vom Heiligen Geist inspiriert sind und die Menschheit zur Heiligkeit führen und aufrufen (Mt 5,48; 2Tim 3,17). Die ganze Bibel enthält „die heiligen Schriften" (Röm 1,2; 2Tim 3,15[16]).

Wenn ich darauf verweise, will ich damit natürlich nicht das Wort Gottes zu Gott erheben. Das Wort Gottes leitet seine Wesenseigenschaften von Gott ab und ist immer nur als eben *Gottes* Wort heilig und ewig, während Gott aus sich selbst heraus immer schon heilig und ewig ist. Aber die Übertragung etlicher Eigenschaften Gottes auf die – auch schriftliche – Offenbarung ist auch kein beiläufiger Akt, sondern stellt die geschichtliche und schriftliche Offenbarung in die Nähe Gottes.

Das Wesen Gottes und das Wesen des Gesetzes (Beispiele)	
Gott ist	Gottes Gesetz ist
„ewig" (1Mose 21,33)	„ewig" (Ps 119,89+152)
„groß" (5Mose 7,21)	„groß" (Jes 42,21)
„heilig" (3Mose 11,44–45; Offb 15,4)	„heilig" (2Petr 2,21; Röm 7,12)
„gerecht" (5Mose 32,4; Ps 116,5)	„gerecht" (5Mose 4,8; Röm 7,12)
„gut" (Mk 10,18; Ps 86,5)	„gut" (Röm 7,12+16)
„vollkommen" (5Mose 32,4; Mt 5,48)	„vollkommen" (Ps 19,8; Jak 1,25)
„richtig" (5Mose 32,4)	„richtig" (Ps 19,9)
„treu" (5Mose 32,4)	„treu" (Ps 119,86)
„lauter" (Ps 78,72)	„lauter" (Ps 19,9; 2Sam 22,31)
„nicht fern" (Apg 17,27)	„nicht fern" (5Mose 30,11)
„herrlich" (Ps 104,1)	„herrlich" (Jes 42,21)

---

[16] Im Griech. finden sich in den beiden Texten zwei unterschiedliche Ausdrücke für „heilig" und „Schriften" (‚graphai hagiai', ‚hiera grammata'); vgl. Johannes Hänel. Der Schriftbegriff Jesu. a. a. O. S. 174–175.

„Geist" (Joh 4,24)	„geistlich" (Röm 7,14)
„Richter" (1Mose 16,5; Ps 7,12)	„Richter" (vgl. Hos 6,5; Hebr 4,12)
„Gerechtigkeit" (Ps 7,18; Röm 3,25)	„Gerechtigkeit" (Ps 119,7)
„Wahrheit" (Ps 100,5)	„Wahrheit" (Ps 119,142+151)
„Schild" (Ps 84,12; 119,114)	„Schild" (Ps 18,31; 119,114)
„Licht" (Ps 27,1)	„Licht" (Hos 6,5; Spr 6,23)
„Leuchte" (2Sam 22,29)	„Leuchte" (Spr 6,23)
„Lust" (Hiob 22,26; vgl. Ps 37,4)	„Lust" (Ps 119,16+47+77)
„mein Lied" (2Chr 29,27)	„mein Lied" (Ps 119,54)
Man soll Gott	**Man soll Gottes Gesetz**
„loben" (Ps 66,8; Offb 19,5)	„loben" (Ps 119 ganz)
„gehorchen" (Jes 1,19)	„gehorchen" (5Mose 26,17)
„glauben" (Mk 11,22)	„glauben" (Apg 24,14)

Das Wesen Gottes und das Wesen des Wortes Gottes (Beispiele)	
Gott ist	**Gottes Wort ist**
„ewig" (1Mose 21,33)	„ewig" (Ps 119,89; 1Petr 1,25)
„richtig" (5Mose 32,4)	„richtig" (Ps 33,4)
„lauter" (Ps 78,72)	„lauter" (Ps 19,9; 2Sam 22,31)
„Richter" (1Mose 16,5; Ps 7,12)	„Richter" (Hebr 4,12)
„Licht" (Ps 27,1)	„Licht" (Ps 119,105)
„heilig" (3Mose 11,44–45; Offb 15,4)	„heilig" (Röm 1,2; 2Tim 3,15)
„Gerechtigkeit" (Ps 7,18; Röm 3,25)	„Gerechtigkeit" (Ps 119,123)
„wunderbar" (Ps 66,5)	„wunderbar" (Ps 119,129)

3. Anhang: Bibeltreu oder der Bibel treu? ...

„Wahrheit" (Ps 100,5)	„Wahrheit" (2Sam 7,28; Ps 119,160)
„weise" (Hiob 9,4)	„weise" (Ps 19,8)
„mächtig" (Hiob 9,4; Ps 62,12)	„mächtig" (Apg 19,20)
„lebendig" (5Mose 5,26)	„lebendig" (Hebr 4,12)
„der Wirkende" (1Kor 12,6)	„wirksam" (1Thess 2,13; Hebr 4,12)
„freundlich" (Ps 118,29)	„freundlich" (Mi 2,7)
„wahrhaftig" (5Mose 32,4)	„wahrhaftig" (Ps 33,4)
„ein verzehrendes Feuer" (5Mose 9,3)	„Feuer" (Jer 23,29)
Man soll Gott	**Man soll Gottes Wort**
„gehorchen" (Jes 1,19)	„gehorchen" (Jer 7,23)
„loben" (Ps 40,4)	„loben" (Ps 119 ganz)
„glauben" (Mk 11,22)	„glauben" (Joh 2,22)

Ebenso häufig treffen wir in der Bibel an, dass Texte, die von menschlichen Autoren stammen, als von Gott gesagt zitiert und angeführt werden, oder dass der Heilige Geist als deren Autor gilt (z.B. Hebr 3,7: „Der Heilige Geist sagt"). In Mt 19,4–5 wird etwa der Kommentar des Autors der Genesis (Gen 2,27) zur Erschaffung der Frau von Jesus als von Gott gesagt angeführt und damit auf eine Ebene mit den direkten Aussagen Gottes in Gen 1–2 gestellt. Dass Gott Autor der Schrift ist, ist so selbstverständlich, dass oft einfach nur von „Er" als Redender gesprochen wird (z.B. Gal 3,16 zur Erklärung eines grammatischen Unterschiedes; Röm 9,15: „Er sagt zu Mose"; Apg 13,34–35; Hebr 1,6; Röm 15,10). Daneben wird häufig die Schrift selbst als zu jemandem redend bezeichnet (z.B. Röm 9,17: „Die Schrift sagt zu Pharao", zu 2Mose 9,16) oder etwas, was direkt Gott gesagt hat, wird als von der Schrift gesagt bezeichnet (z.B. Gal 3,8, wo die Schrift 1Mose 12,1–3 zu Abraham sagt) und „die Schrift" wird personifiziert und ihr wird Autorität zugesprochen (z. B. Hebr 4,12; vgl. zum „Wort Gottes" z. B. Apg 6,2+7; 12,24). Überhaupt kann die Bibel die Ausdrücke „Gott", „Herr", „Geist", „Schrift", „Wort" usw. in diesem Zusammenhang scheinbar wahllos austauschen oder über Kreuz verwenden.

Das führt dazu, dass in manchen Texten gar nicht mehr ganz klar ist, ob gerade von Gott oder von seinem Wort die Rede ist. Als Beispiel mag Hebr 4,12–13 dienen: „Denn das Wort Gottes ist lebendig und wirksam und schärfer als jedes zweischneidige Schwert und durchdringend bis zur Scheidung von Seele und Geist, sowohl der Gelenke als auch des Markes, und ein Richter der Gedanken und Gesinnungen des Herzens; und kein Geschöpf ist vor ihm unsichtbar, sondern alles bloß und aufgedeckt vor den Augen dessen, mit dem wir es zu tun haben." Am Anfang des Abschnittes ist vom Wort Gottes die Rede, wobei zuvor konkrete Texte des Alten Testamentes zitiert wurden. Am Ende des Abschnittes geht es eindeutig um Gott als richtende Person. Doch wo liegt der Übergang? Die Frage ist nicht entscheidend, denn Gott ist genauso „Richter", wie es sein Wort ist, und sein Richteramt wird nur aufgrund des Wortes Gottes ausgeführt.

Glaube an Gott und Glaube an die Schrift

Die enge Zusammengehörigkeit des Wortes Gottes und des Glaubens an Gott und sein Wort unterstreicht dies alles. Die Bibel kann gleichzeitig zum Glauben an Gott und zum Glauben an sein Wort aufrufen: „Glaubt an den Herrn, euren Gott, dann werdet ihr bestehen! Glaubt seinen Propheten, dann wird es euch gelingen!" (2Chr 20,20). Gottes Wort zu glauben (Joh 2,22; vgl. Hebr 4,2) bedeutet Gott zu glauben und Gottes Wort ‚nicht' zu ‚glauben' (Ps 106,24; 1Petr 2,8; 3,1) bedeutet Gott nicht zu glauben. Das Wort fordert nicht nur Glauben, sondern erzeugt selbst den Glauben (Jesu Worte: Joh 4,41; die Worte der Apostel: Joh 17,20; das Evangelium der Apostel: Apg 15,7; Röm 10,14+17). Kurzum, nach Paulus bedeutet „Gott" zu „dienen", „dass ich allem glaube, was geschrieben steht im Gesetz und in den Propheten" (Apg 24,14).

Das Wort Gottes (und seine Verkündigung) und der Glaube
Wichtige Texte

2Chr 20,20: „Glaubt an den Herrn, euren Gott, dann werdet ihr bestehen! Glaubt seinen Propheten, dann wird es euch gelingen!"

Ps 106,12+24: „... da glaubten sie seinen Worten ... glaubten seinem Wort nicht ..."

Ps 119,66: „... ich habe deinen Geboten geglaubt"

Jes 53,1: „Wer hat unserer Verkündigung geglaubt?"

Hebr 4,2: „... aber das gehörte Wort nützte ihnen nichts, weil es sich bei denen, die es hörten, nicht mit dem Glauben verband."

1Thess 2,13: „... darum danken wir Gott auch unablässig, dass ihr, als ihr von uns das Wort der Kunde von Gott empfingt, es nicht als Menschenwort aufnahmt, sondern, als Gottes Wort – was es ja auch wahrhaftig ist –, das in euch, den Glaubenden, auch wirkt."

1Tim 4,6: „... die Worte des Glaubens ..."

Lk 24,25: „O ihr seid [zu] unverständig und [zu] trägen Herzens, um zu glauben an alles, was die Propheten geredet haben!"

Lk 1,20: (an Zacharias:) „... dafür dass du meinen Worten nicht geglaubt hast ..."

Apg 24,14: „... indem ich allem glaube, was in dem Gesetz und in den Propheten geschrieben steht ..."

Joh 2,22: „Als er [= Jesus] nun aus den Toten auferweckt worden war, erinnerten sich seine Jünger daran, dass er dies gesagt hatte, und sie glaubten der Schrift und dem Wort, das Jesus gesagt hatte."

Joh 4,50: „Der Mann glaubte dem Wort, das Jesus zu ihm sprach ..."

Joh 5,46–47: „Denn wenn ihr Mose glauben würdet, so würdet ihr mir glauben, denn er hat von mir geschrieben. Wenn ihr aber seinen Schriften nicht glaubt, wie könnt ihr dann meinen Worten glauben?"

In unserem geschaffenen Universum ist alles letztlich persönlicher und ethischer Natur, entscheidet sich also alles am Verhältnis von Personen. Biblische Ethik ist deswegen immer personale Ethik. Es geht in ihr bei allen Sachfragen letztlich immer um das Verhältnis von Personen zueinander, um Menschen in ihrer Beziehung zu Gott und zu Menschen, wie dies etwa die Zehn Gebote deutlich machen. Dies begründet zugleich auch die Ganzheitlichkeit der biblischen Ethik, die nicht bei einzelnen Sachfragen stehen bleibt, sondern letztlich alles auf der Ebene der Beziehung von Gott und Menschen und der Menschen untereinander zusammenschaut.

Da die Begriffe ‚Irrtumslosigkeit' und ‚Unfehlbarkeit' diesen Beziehungsaspekt nicht beinhalten, sind sie als Oberbegriffe der Schriftlehre ungeeignet, der erste noch schlechter als der zweite. Sie sind – richtig verstanden und definiert – berechtigt oder möglich, lassen aber diesen Aspekt des Glaubens zu wenig deutlich werden. Es geht nie um eine theoretische Richtigkeit der Bibel an sich, sondern immer um eine Beziehung des Menschen zu Gott durch dieses richtige Wort und um ein Ernstnehmen des richtigen Wortes im eigenen Leben als Vollzug der Liebe zu Gott und der Erfüllung mit Gott, dem Heiligen Geist. Deswegen scheinen mir Begriffe wie ‚Bibeltreue' oder ‚Glaubwürdigkeit der Schrift' (also Treue zur Bibel, Vertrauen in die Bibel, der Bibel glauben – ‚Treue', ‚Glaube' und ‚Vertrauen' übersetzen bekanntlich dasselbe hebräische und dasselbe griechische Wort) am Besten geeignet zu sein, um zu beschreiben, welches das richtige Verhältnis des Christen zur Bibel ist. Christen glauben nicht an die Heilige Schrift an sich, sondern vertrauen ihr nur, weil Gott durch sie spricht (2Tim 3,16). So wie ein Liebesbrief noch so vollendet sein kann, aber seine Bedeutung für den Geliebten verliert, wenn er von jemand anderem verfasst wurde, so ist auch die Offenbarung nicht vom Offenbarer zu trennen. Wäre die Bibel fehlerlos, aber nicht von Gott, warum sollte sie eine besondere Rolle spielen? Nur weil wir durch sie und durch ihren Autorisator, den Heiligen Geist, in die Vertrauensbeziehung zu Gott geführt werden, spielt sie eine solche Rolle.[17]

Dass meine Frau ‚freundlich' ist, beschreibt sicher nicht meine Beziehung zu ihr und erfasst auch nicht umfassend das Wesen meiner Frau, und dennoch ist es eine zulässige und wahre Aussage, da sie *einen*

---

[17] Ich habe deswegen nicht zufällig dem Buch mit den Chicago-Erklärungen nicht den Titel ‚Irrtumslosigkeit in der Offensive', sondern ‚Bibeltreue in der Offensive' gegeben.

Aspekt ihres Wesens und meines Empfindens ihr gegenüber deutlich macht. Ebenso beschreiben ‚unfehlbar' oder etwa auch ‚schriftlich' nicht umfassend das Wesen der Schrift, sondern beleuchten nur einen Aspekt meiner Beziehung zu ihr, sind aber dennoch zulässige Aussagen über die Schrift. Nur gilt für mich auch, dass die Eigenschaft der Bibel, glaub- und vertrauenswürdig zu sein und Glauben und Treue zu verdienen, auch darin zum Ausdruck kommt, dass sie – auch nach ihrem Selbstzeugnis – ohne wirkliche Fehler ist und als unfehlbare Instanz das Wort ist, an dem sich alle Worte anderer zu messen haben, auch wenn sie nur unter dem dreieinen Gott Autorität hat, der es als Gottvater geschaffen, als Gott, der Geist inspiriert und als Gott, der Sohn, in die Tat umgesetzt hat.

Gott schwört bei sich selbst

Gott schwört bei sich selbst[18] (Hebr 6,13; 1Mose 22,16; 2Mose 32,13; 5Mose 32,40; Jes 45,23; Jer 22,5; 44,26; 49,13; Amos 4,2; 6,8; Röm 14,11) und gibt dem Menschen unverbrüchliche Gewissheit seines Wesens und Handelns. Denn ein Schwur soll nicht die Wahrheit allein begründen – die Botschaft, dass Ninive untergehen würde, war wahr, ließ aber die Möglichkeit der Umkehr offen –, sondern die Unverbrüchlichkeit und Unwiderrufbarkeit (Hebr 6,16–18).

Die Selbstfestlegung Gottes im Eid gehört zum Wesenskern des christlichen Glaubens, auch wenn das vielen nicht bewusst ist, vor allem, weil die Bedeutung des Schwörens und des durch Eid erfolgten Bundesschlusses im Alten und Neuen Testament in Vergessenheit geraten ist. Dass aus dieser ‚Treue' Gottes entstehende ‚Vertrauen', also – wie wir es meist wiedergeben – der ‚Glaube', ist nicht zufällig zusammen mit der ‚Liebe' die häufigste und wichtigste Beschreibung des Verhältnisses zwischen Menschen und Gott. Und es ist kein Zufall, dass diese absolute Zuverlässigkeit Gottes auch darin zum Ausdruck kommt, dass er seiner Offenbarung eine endgültige, schriftliche Form gegeben hat, in der Gott sich selbst festlegt. Das führt dazu, dass nun

---

[18] Nach Georg Giesen. Die Wurzel sb' „schwören": Eine semasiologische Studie zum Eid im Alten Testament. Bonner Biblische Beiträge 56. Peter Hanstein: Königstein, 1981 sind 82 der die 215 Belege für das Wort ‚schwören' (hebr. ‚sb") Schwüre Gottes, dazu kommen weitere 41 Bundesschlüsse zwischen Gott und Mensch.

Gott selbst uns auffordern kann, seine Selbstfestlegung, seine Offenbarung und sein Wort an ihn anzulegen, das heißt ihn zu prüfen (z. B. Mal 3,10) und mit ihm zu rechten (z. B. Jes 1,18; 41,1; 43,26; vgl. aber auch 45,9). Nur deswegen lässt Gott es auch zu, dass er in Klageliedern und Klagepsalmen aufgrund seiner Zusagen und ihrer scheinbaren Nichteinhaltung erbittert angeklagt wird – ein Unding in anderen Religionen.

Der Islam etwa kennt nur einen Gott, der so absolut, souverän und unabhängig ist, dass er sich dem Menschen nie gegenüber endgültig festlegen kann und will. Selbst bei Versprechen Gottes bleibt immer der Vorbehalt, dass er es sich auch anders überlegen und ihn niemand daran hindern kann. Der jüdisch-christliche Gott ist ebenso absolut, souverän und unabhängig, wie der islamische. Auch ihm könnte niemand wehren, wenn er seine Pläne ändern und seine Versprechen nicht halten würde. Nicht der Mensch oder die Schöpfung binden Gott, sondern Gott bindet sich selbst an sein eigenes Wort und schwört bei sich selbst. Gott ist eben ‚treu' und absolut ‚zuverlässig'. Seine Souveränität kommt im Christentum im Gegensatz zum Islam gerade darin zum Ausdruck, dass ihn niemand daran hindern kann, seine Pläne, Versprechen und Schwüre wahrzumachen und einzuhalten.[19]

Gerade die Gewissheit, dass Gott sich als Bundesgott offenbart, der sich dem Menschen gegenüber – ohne dass ihn der Mensch dazu zwingen könnte – von sich aus in Liebe festlegt und dies die einzige Grundlage für völlige Vertrauenswürdigkeit darstellt, wirft ein bezeichnendes Licht darauf, dass sich auch die Schrift selbst für ebenso glaubwürdig hält.

Schrift und Heil

Der Bericht vom Sündenfall (Gen 3) macht deutlich, dass Kritik an Gott, Kritik der Worte Gottes und Sünde aufs Engste zusammengehören. Man begegnet immer wieder dem Versuch, die Frage, ob die Bibel Gottes Wort ist oder nicht und wenn ja, inwiefern sie denn Gottes Wort ist, als nebensächlich abzutun und als theologische Spitzfindigkeit anzusehen, von der doch nichts abhänge. Mit Sünde, geschweige denn mit Fragen des Heils, hat die Stellung zur Bibel

---

[19] Vgl. dazu jetzt ausführlicher Thomas Schirrmacher. Koran und Bibel. Hänssler: Holzgerlingen, 2008.

dann nichts zu tun. Dies wird aber dem Anspruch der Bibel selbst nicht gerecht. Sünde liegt nur dort vor, wo das Wort Gottes bzw. Gottes Gesetz übertreten wird (Röm 3,19–20; 7,7; 1Kor 15,56; 1Joh 3,4). Deswegen ist Sünde immer mit dem Misstrauen gegenüber dem Reden Gottes verbunden und dieses Misstrauen ist eben Misstrauen seinem Autor gegenüber.

Das zentrale Thema der ganzen „Schriften" ist nach 2Tim 3,14–15 die Errettung des Menschen, denn sie haben die Kraft, Menschen weise zu machen, das Heil zu verstehen und zu ergreifen: „Du aber bleibe in dem, was du gelernt hast und wovon du völlig überzeugt bist, da du weißt, von wem du es gelernt hast, und weil du von klein auf die heiligen Schriften kennst, die Kraft haben, dich weise zu machen zur Errettung durch den Glauben, der in Jesus Christus ist". Paulus verquickt hier die Bedeutung der Bibel völlig mit der Errettung. Und dennoch ist es nicht das Wort Gottes, das uns errettet, sondern allein Jesus Christus. Die Bibel, genauer die in ihr enthaltene Offenbarung und Botschaft, macht uns weise zur Errettung, die in Jesus Christus ist. Nicht mehr, aber auch nicht weniger. Denn was wüssten wir von Jesus Christus und von seinem Werk der Erlösung, wenn Gott es uns nicht offenbart und sogar schriftlich in die Hand gegeben hätte und uns den Auftrag gegeben hätte, das Wort von der Erlösung zu verkündigen?

Die Botschaft, die die Worte der Bibel offenbaren, ist also von Bedeutung, wenn man errettet werden möchte. Ist demnach die Bibel ein magisches Buch? Macht der Besitz der Bibel aus Feinden Gottes Kinder Gottes? Nein, Paulus sagt in 2Tim 3,14–15 ganz klar, was uns errettet: nämlich der Glaube, der in Jesus Christus ist. Glauben heißt Vertrauen. Wer darauf vertraut, dass Jesus für seine Sünden am Kreuz gestorben ist, und von daher um Vergebung seiner Schuld bittet, wird vor der ewigen Verdammnis gerettet werden. Wozu dann aber noch die Bibel? Paulus sagt zwar, dass uns der Glaube an Jesus errettet, aber dass die Bibel uns „weise" für diesen Glauben macht. Wir wissen nämlich aus der Bibel, was Gott für uns getan hat, und dass er uns retten will. Wir wissen es, wenn wir es selbst lesen und verstehen oder wenn wir die gepredigte Botschaft hören (vgl. Röm 10,17). Wir werden durch die Verkündigung des Evangeliums auf der Basis des in der Bibel Festgehaltenen selbst nicht gerettet, denn die Rettung selbst geschah und geschieht durch Gottes Tat und nicht durch einen Bericht darüber.

Was Paulus hier über die Schrift sagt, ist nach drei Seiten hin abzugrenzen.
1. Einerseits ist der Gedanke zu verwerfen, die Schrift selbst schaffe das Heil. Weder das Buch an sich, noch die intellektuelle Kenntnis seines Inhaltes, noch eine bestimmte Haltung ihm gegenüber können erlösen.
2. Andererseits ist der Gedanke zu verwerfen, das Heil sei von der Schrift unabhängig. Vielmehr musste uns das von Christus Geschaffene durch Offenbarung erläutert und verkündigt werden und diese Offenbarung hat Gott der schriftlichen Form übergeben, auch wenn sie durch Verkündigung auch denen zugänglich gemacht werden kann, die die Bibel selbst gar nicht studieren.
3. Für viele ist die Bibel aber nur göttliche Offenbarung, solange sie vom Heil spricht. Alles, was darüber hinausgeht, ist dagegen menschliches Beiwerk. Aber was sagt Paulus im anschließenden Text? Die Schrift ist „nützlich zur Lehre, zur Überführung, zur Zurechtweisung, zur Unterweisung in der Gerechtigkeit, damit der Mensch Gottes vollkommen ist, zu jedem guten Werk völlig ausgebildet" (2Tim 3,16–17). Mit der Errettung durch den Glauben, die man aus der Bibel in ihrer Botschaft lernt, fängt also die Bedeutung der Bibel an, hört dort aber nicht auf. Nicht nur das, was uns in ihr über das Heil gesagt wird, ist wichtig, sondern „jede Schrift" ist von Gott eingegeben und nützlich für alles, was wir tun, denn sie dient der Heiligung, die aus dem Heil entspringt.

Deswegen kann ‚Bibeltreue' aus ‚bibeltreuer' Sicht nie nur in einem an sich richtigen Bekenntnis bestehen, dass die Bibel unfehlbar ist. Echte, biblische ‚Bibeltreue' kann immer nur in einer untrennbaren Einheit aus dem tiefsten Vertrauen auf den dreieinigen Gott, aus dem Empfang der Kraft zum Heil, die aus dem Heiligen Geist kommt, der Gottes Wort gegeben hat, also aus dem restlosen Vertrauen in dieses Wort von Gott und aus dem freudigen Erfüllen der Aufträge, Gebote und Ordnungen dieses Wortes als Dank für den Erlöser Jesus Christus bestehen. Da dies nur durch den Heiligen Geist möglich ist, ist Bibeltreue immer ein Geschenk Gottes, keine Leistung frommer Menschen.

Im Anschluss an die Unterscheidung von Formalprinzip (‚sola scriptura') und Materialprinzip (‚sola gratia') der Reformation kann man auch zwischen formaler und materialer Bibeltreue unterscheiden. Formale Bibeltreue meint das Bekenntnis der Treue zur Schrift,

3. Anhang: Bibeltreu oder der Bibel treu? ...

materiale Bibeltreue die Treue zum Inhalt der Schrift und damit vor allem zu Christus und dem von ihm bewirkten Heil. Leider wird bei ‚bibeltreuen' Auslegern bisweilen der als nicht bibeltreu angesehen, der eine andere Auslegung vertritt. Hier wird die eigene Erkenntnis entgegen dem Zeugnis der Schrift selbst absolut gesetzt. Andererseits lässt sich die formale Bibeltreue nicht von der materialen trennen, sonst müssten auch die Zeugen Jehovas als bibeltreu gelten. Deswegen gibt es nicht nur *eine* Chicagoerklärung, sondern je eine zur „Irrtumslosigkeit" (Bekenntnis), „Hermeneutik" (Durchführung) und „Anwendung" (dogmatische Aussagen über Gott, Christus, Kirche und Ethik).

Und nicht zuletzt gehört zu wahrer Bibeltreue auch die Umsetzung des als wahr Erkannten. Denn nur der hat nach Jesu Gleichnis vom Hausbau (Mt 7,24–29) ein echtes Fundament: „Wer meine Worte hört und tut sie ..." (Mt 7,24+26; Lk 6,47). Und im Zweifelsfall hat auch der, der das Gebot des Vaters erst kritisiert und dann ausführt, besser gehandelt, als der Sohn, der erst zustimmt, dann aber nicht gehorcht (Mt 21,28–32).

Es gibt nämlich nicht nur auf der einen Seite die offene Kritik und Ablehnung der Offenbarung Gottes, grundsätzlich oder im Detail. Es gibt auf der anderen Seite auch sehr fromme, ‚heimliche Formen der Bibelkritik'. Während man dem Wort Gottes gegenüber Lippenkenntnisse ablegt und es zitiert, leugnet man de facto seine Autorität und folgt in der Praxis anderen Maßstäben. Zur Zeit Jesu gab es die Sadduzäer, gewissermaßen die Liberalen der damaligen Zeit, die große Teile des Alten Testamentes verwarfen und die Auferstehung der Toten leugneten. Jesus begegnet ihnen durchaus kritisch. Aber die massivere Kritik bezog sich auf die Frommen seiner Zeit, die Pharisäer. Sie waren es, die sich ständig auf Gott beriefen, die den Glauben im Alltag praktizieren wollten und die sich dem griechisch-römischen Zeitgeist entgegenstellten. Die Pharisäer waren gewissermaßen die Evangelikalen des 1. Jahrhunderts.[20] Stellvertretend für viele andere Texte wird

---

[20] Vgl. Roland Deines. „Pharisäer und Pietisten – ein Vergleich zwischen zwei analogen Frömmigkeitsbewegungen". Jahrbuch für evangelikale Theologie 14 (2000): 113–133; Ernest C. Reisinger. The Law and the Gospel. Presbyterian & Reformed: Phillipsburg (NJ), 1997. S. 105–108 und die Diskussion in Stephen Westerholm. Jesus and Scribal Authority. Coniectana Biblica NT Series 10. CWK Gleerup: Lund (S), 1978.

in Mk 7,1–13 (kürzer in Mt 15,1–9)[21] deutlich, dass Jesu Hauptvorwurf war, dass sie das Wort Gottes zugunsten ihrer frommen, menschlichen Traditionen preisgegeben hatten.

An dieser Stelle ist noch einmal darauf zu verweisen, dass Bibeltreue nicht mit Buchstäblichkeit verwechselt werden darf, denn das wäre sprachwissenschaftlich Unsinn, ist doch kein Satz, den wir sprechen, wirklich in allem durchgängig ‚buchstäblich' zu verstehen. Zudem legt die Schrift sich selbst nicht automatisch so aus, etwa, wenn wir vergleichen, wie die Propheten die Tora oder das Neue Testament das Alte auslegen. Vielmehr geht es immer um den Sinn, den der Text ursprünglich haben sollte, sei es ein historischer, poetischer, ironischer oder sonstiger Sinn.

Der Teufel ist der Kritiker des Wortes Gottes schlechthin, was ihn nicht davon abhält, die Bibel zu zitieren und durch Missbrauch außer Kraft zu setzen. Dabei zitiert er mit Vorliebe Gott wortwörtlich und im falschen, aber buchstäblichen Sinn, wie er es etwa bei der Versuchung Jesu tat (Mt 4,6–7; Lk 4,11–13). Eine buchstäbliche Auslegung garantiert nicht, dass man die Botschaft Gottes richtig verstanden hat. Jesus widerstand der buchstäblichen Auslegung des Satans mit dem Wort Gottes (Mt 4,7; Lk 4,13), das Jesus natürlich richtig auslegte und zitierte.

Komplementarität von Gotteswort und Menschenwort

Viele biblische Lehren lassen sich nur komplementär beschreiben,[22] wenn wir der ganzen Schrift (‚tota scriptura') gerecht werden wollen. Komplementarität bedeutet, dass zwei oder mehrere Sachverhalte nur getrennt erforscht, belegt und beschrieben werden können, die aber offensichtlich gleichzeitig wahr sind, ohne dass wir eine Erklärung dafür haben. Die zentralen Lehren der frühchristlichen Konzile sind

---

[21] Vgl. dazu die Auslegung von Johannes Calvin. Auslegung der Evangelien-Harmonie. 2. Teil. Johannes Calvin – Auslegung der Heiligen Schrift – Neue Reihe Bd. 13. Neukirchener Verlag: Neukirchen, 1974. S. 37–41.
[22] S. dazu ausführlicher „Die Entdeckung der Komplementarität, ihre Übertragung auf die Theologie und ihre Bedeutung für das biblische Denken". S. 180–193 in: Peter Zöller-Greer, Hans-Joachim Hahn (Hg.). Gott nach der Postmoderne. Journal des Professorenforums Bd. 1. Münster: Lit, 2007. Download als MBS-Text 66 (2006), Englisch als MBS-Text 29 (2004) unter www.bucer.eu/mbstexte.html.

alle komplementäre Erklärungen und konnten nur so sowohl der ganzen Schrift gerecht werden, als auch dauerhaft theologischen Frieden schaffen. Jesus ist wahrer Mensch und wahrer Gott, „unvermischt und untrennbar", Gott ist einer und dennoch Vater, Sohn und Heiliger Geist. Neben vielen anderen Themen (z. B. Prädestination und Verantwortung, Glaube und Wissen, Gesetz und Gnade, Liebe und Zorn Gottes, Lehre und Leben) ist auch die Schrift als hundertprozentig menschliches Wort und hundertprozentig göttliches Wort ein Musterbeispiel für biblische Komplementarität. Die 2. Chicagoerklärung schreibt in Artikel II:

> „Wir bekennen, dass so, wie Christus Gott und Mensch in einer Person ist, die Schrift unteilbar Gottes Wort in menschlicher Sprache ist. Wir verwerfen die Auffassung, dass die bescheidene, menschliche Form der Schrift Fehlerhaftigkeit mit sich bringe, ebensowenig wie ja auch die Menschlichkeit Christi selbst in seiner Erniedrigung Sünde mit sich brachte."[23]

Dass sich das Reden Gottes und das Reden der Menschen in der Schrift nicht ausschließen, sondern einschließen, wird an zahllosen Beispielen deutlich, in denen auf der einen Seite Gott, ‚Er', Geist, Schrift, auf der anderen Seite die konkreten menschlichen Verfasser fast wahllos über Kreuz verwendetet werden. „Gott" redet ebenso „durch" Menschen (Apg 4,25), wie der „Geist" „durch" Menschen spricht (Mk 12,36; Apg 1,16; 28,25).

Das bedeutet, dass die Bibel im Gegensatz zum Koran nicht aus dem Gegensatz von Gottes Wort und menschlichem Wort entstanden ist, sondern aus dem Zusammengehen von Wort Gottes und Menschenwort. Gott lässt sich in seiner Güte zum Menschen herab und spricht seine Sprache. Die Bibel ist zwar auch Gottes Botschaft, aber eben auch und ganz Menschenwort. Die Bibel ist also nie wirklich zu verstehen, wenn sie nicht auch als ein ganz und gar menschliches Buch gesehen wird.

---

[23] Thomas Schirrmacher (Hg.). Bibeltreue in der Offensive. a. a. O. S. 32.

Inspiration: Geist und Mensch als Autoren der Schrift

Die Verbindung, die der Geist Gottes als Autor der Schrift,[24] mit den menschlichen Autoren und Redaktoren eingegangen ist, nennt man Inspiration, denn „die ganze Schrift ist geistdurchhaucht" (2Tim 3,16)[25] und „vom Heiligen Geist getrieben haben Menschen im Namen Gottes geredet" (2Petr 1,21; vgl. 1Petr 1,10–12). Eckhard Schnabel definiert ‚Inspiration' wie folgt:

> „Inspiration bezeichnet den geschichtlichen Gesamtvorgang, durch den Gott mittels der kreativen Macht seines Geistes die von Menschen verfassten Schriften des biblischen Kanon als sein Wort hervorgebracht hat, so dass die ganze Heilige Schrift in allen ihren Teilen eine authentische Kundtat seiner Ansicht und Absicht und Darstellung seiner Botschaft an alle Menschen ist."[26]

Es ist dabei unter Vertretern der Unfehlbarkeit der Schrift unbestritten, dass der Vorgang der Inspiration, durch den die Schrift ganz Menschenwort bleibt und doch ganz Gottes Wort wird, trotz mancher uns bekannter Begleitumstände selbst nicht zu erklären ist, da die Schrift selbst es nur in Ansätzen tut. Thomas Kinker schreibt:

---

[24] Vgl. bes. James I. Packer. „Der Heilige Geist und sein Werk". Fundamentum 2/1988: 16–45; Gerhard Maier. Heiliger Geist und Schriftauslegung. Theologie und Dienst 34. Brunnen: Gießen, 1983; und zur Theologiegeschichte: Johannes Beumer. Die Inspiration der Heiligen Schrift. Handbuch der Dogmengeschichte, Band 1, Faszikel 3 b. Herder: Freiburg, 1968.

[25] Die Auslegung von 2Tim 3,16, als seien nur jene Schriften, die von Gott eingegeben sind, nützlich, die die Unterscheidung zwischen dem, was von Gott kommt und dem, was Menschen überliefert haben und uns heute nur noch historisch interessiert, ist exegetisch nicht haltbar, denn im griechischen Text stehen die beiden Aussagen gleichwertig nebeneinander: Die Bibel ist 1. von Gott eingegeben und 2. nützlich für die aufgeführten Dinge. Wenn die Bibel von Gott eingegeben, wörtlich „geistdurchhaucht" ist, dann heißt das, dass in der Bibel das menschliche Wort, etwa des Paulus, und das göttliche Wort eine untrennbare Einheit eingegangen sind. Vgl. Heinrich von Siebenthal. „Die syntaktische Rolle von theopneustos in 2 Tim 3,16". Jahrbuch für evangelikale Theologie 13 (1999): 57–66; Wilhelm Koelling. Die Lehre von der Theopneustie. a. a. O. S. 16–21; Robert D. Preus. „Die Heilige Schrift: Gottes Weisheit und Gottes Kraft: Predigt über 2. Timotheus 3,14–17". Fundamentum 4/1984: 18–29; Benjamin B. Warfield. The Inspiration and Authority of the Bible. a. a. O. S. 245–296; Eckhard Schnabel. Inspiration und Offenbarung. a. a. O. S. 117–121; Walter C. Kaiser. Toward Rediscovering the Old Testament. Zondervan: Grand Rapids (MI), 1987. S. 26–32.

[26] Eckhard Schnabel. Inspiration und Offenbarung. a. a. O. S. 148.

"Der göttliche Ursprung der Schrift bleibt an vielen Stellen eher ein Geheimnis, da er nicht offenbart ist. Manchmal ist ausdrücklich erwähnt, dass der Verfasser etwas hört (Auditionen) und / oder sieht (Visionen), und ihm wird befohlen, dies aufzuschreiben; der göttliche Ursprung vieler Bücher bleibt aber ein Geheimnis (keine innerbiblischen Angaben z. B. bei den Büchern Chronik oder den Evangelien). Auch gibt es Stellen, wo Gottes Stimme akustisch hörbar ist – dies war aber wahrscheinlich nicht die Art und Weise, wie die Schrift an sich von Gott den Verfassern eingegeben wurde. Es gibt in der Schrift keinen Hinweis auf das genaue Wie der Inspiration."[27]

Der Heilige Geist spielt dabei nach dem Zeugnis der Heiligen Schrift im Umfeld der Offenbarung eine viel umfassendere Rolle als nur in der – zugegebenermaßen zentralen – Autorisierung der schriftlichen Gesamturkunde des christlichen Glaubens: Folgende Aspekte des Wirkens des Geistes in Bezug auf das Wort kann man unterscheiden:

1. die direkte Offenbarung an Menschen (2Sam 23,2; Offb 4,2),
2. die Niederschrift und Redaktion dieser Offenbarung[28] (Apg 1,16; Sach 7,12; 2Tim 3,16),
3. das Verstehen, Auslegen und Beherzigen des Wortes durch den Leser oder Hörer (Apg 10,44; 1Thess 1,6),
4. die Umsetzung des Wortes in das tatsächliche Leben (Röm 8,2–4);
5. die Vollmacht bei der Verkündigung des Wortes in Evangelisation und Gemeinde (Apg 4,31; 1Thess 1,5).

Die Persönlichkeit der biblischen Autoren

Gott lässt sein Wort nicht durch Zwang schreiben, wie dies bei vielen mechanisch inspirierten Offenbarungen in den Religionen bis hinein in den Bereich christlicher Sekten der Fall ist.[29] Wenn Gottes Geist an und durch Menschen wirkt, macht er sie zu echten Persönlichkeiten,

---

[27] Thomas Kinker. Die Bibel verstehen und auslegen. a. a. O. Bd. 1. S. 91.
[28] 1. und 2. können, etwa bei der Abfassung eines Paulusbriefes, zeitlich zusammenfallen.
[29] Vom Koran oder vom Buch Mormon wird behauptet, Gott selbst oder ein Engel habe sie ursprünglich diktiert oder geschrieben. Daher, weil der Mensch unbeteiligt war, sollen sie von Gott stammen.

im Glaubensleben allgemein ebenso wie speziell bei der Offenbarung seines Wortes. Überall, wo die Inspiration einer heiligen Schrift damit begründet wird, dass die menschlichen Verfasser völlig unbeteiligt waren, also unter Zwang schrieben, besessen waren, in Ekstase unzurechnungsfähig waren, liegt keine göttliche Inspiration vor. Selbst die Propheten, die in Verzückung unglaubliche Bilder sahen, können sich im Alten und Neuen Testament ganz vernünftig mit den die Visionen auslegenden Engeln unterhalten (z. B. in der Offenbarung des Johannes oder in Daniel und Hesekiel). Ja, Paulus hält es in 1Kor 14,32 für selbstverständlich, dass Propheten sich und die Offenbarung unter Kontrolle haben: „Die Geister der Propheten sind den Propheten untertan" (1Kor 14,30–32).

Gott arbeitet nicht mit Zwang. Zwang und Besessenheit sind die Kennzeichen des Teufels. Der Teufel (das Böse) fragt uns nicht, unterstützt uns nicht, hilft uns nicht, sondern verführt und zwingt uns und bringt uns zur Sünde, ehe wir zum Nachdenken gelangt sind. Gott dagegen schenkt uns alles, möchte aber dennoch die echte Persönlichkeit, die selbstbeherrscht, nüchtern und ruhig sich für den Weg Gottes entscheidet und ihn dann in Gottes Kraft geht. Nur der Teufel beherrscht Menschen, indem er sie ihrer Persönlichkeit beraubt, wie die in den Evangelien erwähnten Besessenen im Extremfall zeigen, die bisweilen wie Tiere lebten und durch die Vertreibung der Dämonen wieder eigenständig handelnde Personen wurden. Dies wird in der Heilung des besessenen Geraseners (Mt 8,28–34;Mk 5,1–20; Lk 8,26–39) am deutlichsten. Hier war ein Mensch durch die Dämonen völlig seiner Persönlichkeit beraubt. Er kleidete sich nicht, lebte in Höhlen, sprach mit niemandem und griff jeden an. Jesu Befreiungswort bewirkte, dass seine Persönlichkeit wieder zum Vorschein kam, so dass er wieder normal aß, sich anzog und ganz vernünftig mit anderen redete, wie die Außenstehenden erschrocken feststellten (Mt 5,15; Lk 8,35). Es ist gerade Gott, der uns als unverwechselbare Persönlichkeiten geschaffen hat und der die ungeheure, von ihm selbst geschaffene Vielfalt liebt.

Die Bibel ist nicht von Marionetten mechanisch geschrieben worden, sondern im Gegenteil von echten Persönlichkeiten, deren Unverwechselbarkeit gerade in ihren Schriften zum Ausdruck kommt. Göttliche Inspiration schließt die menschliche Persönlichkeit nicht aus, sondern führt sie zu ihrer vollen Entfaltung. Deswegen gibt es kein religiöses Buch, das seine eigene rein menschliche Entstehungsgeschichte derartig ausbreitet und für wesentlich hält wie die Bibel. Die menschliche Seite ist kein Beweis gegen die göttliche Inspiration der Bibel, wie dies in anderen Religionen der Fall ist, wo die Göttlichkeit der Schrift dadurch bewiesen wird, dass kein Mensch daran beteiligt war oder die beteiligten Menschen zu so etwas unfähig waren. Vielmehr haben Menschen in ihrem Stil, mit ihrer Erfahrung und in ihrer historischen Situation geredet und geschrieben, doch Gottes Geist hat es zugleich gebraucht, um Gottes Wort niederzulegen.

Am Ende des 2. Petrusbriefes schreibt Petrus, dass „unser geliebter Bruder Paulus in der ihm gegebenen Weisheit euch geschrieben hat, wie auch in allen seinen Briefen, wenn er von solchen Dingen spricht. In ihnen ist etliches schwer zu verstehen, was die Unwissenden und Unbefestigten wie auch die anderen Schriften zu ihrem eigenen Verderben verdrehen" (2Petr 3,15–16). Die menschliche Seite der Bibel, hier die Besonderheit des recht einfachen petrinischen und des recht komplizierten paulinischen Stils, tut ihrer göttlichen Seite keinen Abbruch. Selbst Petrus hat Mühe, die Paulusbriefe zu verstehen. Und dennoch ist es für Petrus keine Frage, dass Paulus im Namen Gottes spricht und dass man die Paulusbriefe nur zu seinem eigenen Verderben verdrehen kann. Die Bibel spiegelt die Unterschiedlichkeit der Charaktere ihrer Verfasser voll und ganz wider. Petrus schreibt in kurzen, knappen Sätzen, gibt einprägsame Warnungen, wechselt das Thema häufig und scheint keiner Gesamtgliederung seiner Briefe zu folgen. Paulus schreibt dagegen meist im Rahmen von langwierigen Gliederungen, benutzt oft lange, verschachtelte Sätze, die bisweilen sogar unfertig stehen bleiben, weil sie zu lang wurden. Er begründet eins aus dem anderen. Petrus ist ‚leichte' Lektüre, Paulus nicht. Solche Aussagen der Schrift über andere Teile der Schrift wären etwa im Koran undenkbar.

Übrigens ist die menschliche Seite der Schrift und die menschliche Autorschaft ihrer Texte auch im Laufe der Kirchengeschichte selbst von denen nie bestritten worden, die, wie etwa Augustinus, den Vorgang der Inspiration in der Weise eines Diktates beschrieben haben.[30]

---

[30] S. die Zusammenstellung in John Hannah (Hg.). Inerrancy and the Church. Moody Press: Chicago, 1984 (zu den Kirchenvätern, der Scholastik, den Reformatoren, Wesley usw.), darin bes. John D. Hannah. „The Doctrine of Scripture in the Early Church". S. 3–36, hier bes. S. 12–14, und Wayne R. Spear. „Augustine's Doctrine of Biblical Infallibility". S. 37–66, hier bes. S. 44–47. Dirk Kurt Kranz. „Abriss zur patristischen Inspirationslehre der Heiligen Schrift (I)". Alpha Omega (Rom) 10 (2007): 245–283 geht dagegen davon aus, dass die Persönlichkeit der biblischen Autoren erst seit Clemens von Alexandrien und – besonders deutlich – bei und seit Origenes eine Rolle spielten.

In diesem Zusammenhang ist auch zu erwähnen, dass die Schrift sich selbst zwar von der historischen Realität der von ihr berichteten Ereignisse abhängig macht (z. B. 1Kor 15,1–8+14–20a), dies die Schrift aber gerade nicht über die Geschichte und die historische Überprüfbarkeit erhebt, sondern den Anspruch erhebt, dass historische Überprüfung die Wahrheit der Schrift erweisen wird. Dies bedeutet zum einen, dass kein Buch seine Texte derartig in der jeweiligen Geschichte der Verfasser, der Umwelt und der heilsgeschichtlichen Situation verankert, wie die Bibel. Zum anderen bedeutet dies, dass die Schrift selbst ungemein viel historisches Material – und damit Ansatzpunkte für die Kritik – liefert, und das mehr als jedes andere religiöse Buch über die historische Entstehung ihrer Teile (z. B. 5Mose 31,22–26; Jos 1,8; 24,26; Spr 1,1; 30,1; 31,1; Jer 1,1–3). Letztlich wurzelt das gesamte Konzept des modernen Geschichtsverständnisses ja im jüdisch-christlichen Denken, weswegen man der Bibel nicht gegen die historische Wissenschaftlichkeit misstrauen, sondern Hand in Hand mit ihr vertrauen kann.[31]

Bibel und Wissenschaftlichkeit

Die Komplementarität von Gotteswort und Menschenwort, wie sie der Heilige Geist ermöglicht, spielt auch in zwei weiteren Bereichen eine zentrale Rolle.

Zum ersten ist für das richtige Verständnis der Schrift sowohl der bestmögliche menschliche Zugang erforderlich, als auch der Geist Gottes, um das Wort wirklich geistlich zu erfassen.

Zum zweiten gründet der Beweis, dass die Bibel Gottes Wort ist, letztlich nicht auf einem äußeren Zeugnis, sondern auf dem von Johannes Calvin in dieser Form erstmals formulierten inneren Zeugnis des Heiligen Geistes.[32] Gerade dies schließt aber nicht aus, sondern ein,

---

[31] John W. Montgomery. Hat die Weltgeschichte einen Sinn? Geschichtsphilosophien auf dem Prüfstand. Christliche Philosophie heute 2. Bonn: Verlag für Kultur und Wissenschaft, 2003².

[32] Johannes Calvin. Unterricht in der christlichen Religion: Institutio Christianae Religionis. Neukirchener Verlag: Neukirchen, 19885. S. 23–27 (Buch I, Kap. 7); Hans Helmut Eßer. „Die Lehre vom ‚testimonium Spiritus Sancti internum' bei Calvin innerhalb seiner Lehre von der Heiligen Schrift". S. 246–258 in: Wolfhart Pannenberg, Theodor Schneider (Hg.). Verbindliches Zeugnis II: Schriftauslegung – Lehramt – Rezepti-

dass die Glaubwürdigkeit der Schrift auch menschlich zu begründen ist. „Soweit die menschliche Vernunft reicht, gibt es hinreichend sichere Beweise, um die Glaubwürdigkeit der Schrift zu bestätigen"[33], überschreibt Calvin das entsprechende Kapitel. Das innere Zeugnis des Heiligen Geistes vergewaltigt eben den Verstand nicht. Ähnliches gilt für die Autorität der Kirche. De facto haben wir die Autorität der Schrift kirchengeschichtlich wie biographisch von der Kirche und müssen diese menschliche Seite einbeziehen,[34] aber die letzte Autorität haben Kirche wie Schrift vom Geist Gottes.

Der auch wissenschaftliche Umgang mit der Schrift gründet in der Bedeutung des Verstandes in der Schrift selbst, der zwar Gott, Christus und ihrer Offenbarung untergeordnet bleiben soll, zugleich aber das Werkzeug ist, mit dem menschliche Sprache und Kommunikation und somit auch die Schrift entschlüsselt werden[35] und dessen sich der Heilige Geist bedient, um seine Offenbarung zu vermitteln und verständlich zu machen. Deswegen widerspricht auch ein bibeltreues Schriftverständnis nicht einer durchdachten Hermeneutik und einem vernünftigen Bewusstmachen der eigenen Auslegungsregeln, sondern bedingt diese geradezu.[36]

---

on. Dialog der Kirchen 9. Herder: Freiburg & Vandenhoeck & Ruprecht: Göttingen, 1995; R. J. Gore. „Calvin's Doctrine of Inspiration". The Reformation Review (ICCC) 28 (1982) 2 (Apr): 100–114; Otto Weber. Grundlagen der Dogmatik. 1. Band. Neukirchener Verlag: Neukirchen, 1987⁷ (1955¹). S. 266ff; Morton H. Smith. Systematic Theology. 2 Bde. Greenville Seminary Press. Greenville (SC), 1994. Bd. 1. S. 95ff. Vgl. Zum biblischen Befund René Pache. Inspiration und Autorität der Bibel. a. a. O. S. 196–199; Morton H. Smith. Systematic Theology. 2 Bde. Greenville Seminary Press. Greenville (SC), 1994. Bd. 1. S. 95–96.

[33] Alles Johannes Calvin. Unterricht in der christlichen Religion. a. a. O. S. 28–34 (Buch I, Kap. 8).

[34] Ebd.; vgl. die klassische Formulierung im Westminster Bekenntnis, Artikel 1.5.; Thomas Schirrmacher (Hg.). Der evangelische Glaube kompakt. Hänssler: Neuhausen, 1998. S. 33–34.

[35] Vgl. Thomas Schirrmacher. Ethik. 7 Bde. VTR: Nürnberg, 2002³. Bd. 3. S. 353–388 (Kap. 33 „Das Denken und der Wille Gottes"); Lutz E. von Padberg. Die Bibel: Grundlage für Glauben, Denken und Erkennen. Wort und Wissen 17. Hänssler: Neuhausen, 1986; Burkhard Affeld. „Von Christus erfülltes Denken". S. 3–8 in: Thorsten Dietz, Hans-Jürgen Peters (Hg.). Seelsorge auf dem Feld des Denkens: Festschrift für Sven Findeisen zum 65. Geburtstag. Studienstiftung ‚Kein anderes Evangelium': Marburg, 1995; vgl. auch Otto Weber. Grundlagen der Dogmatik. 1. Band. Neukirchener Verlag: Neukirchen, 1987⁷ (1955¹). S. 214–218.

[36] An Hermeneutiken aus ‚bibeltreuer' Sicht sind etwa zu nennen: Jakob van Bruggen.

Am deutlichsten kann die Notwendigkeit eines wissenschaftlichen verantworteten Umgangs mit der Bibel auch für ‚Bibeltreue' und aufgrund des Selbstverständnisses der Heiligen Schrift deutlich gemacht werden, wenn man den Koran zum Vergleich nimmt.

Vergleich zwischen dem Inspirationsverständnis von Bibel und Koran bzw. des Islam[38]

Bibel	Koran
Gott und Mensch sind beide Autoren	Nur Gott ist Autor
Gott legt sich selbst auf sein Wort fest	Gott ist nicht an sein Wort gebunden, sondern auch darin souverän
Spiegelt menschliche Persönlichkeit der Autoren wider	Hat nichts mit der Persönlichkeit zu tun
Viele und vielfältige Autorenschaft	Kein menschlicher Autor, nur ein Empfänger
Große literarische Vielfalt[39]	Praktisch einheitlicher Stil

Wie lesen wir die Bibel? Eine Einführung in die Schriftauslegung. Hänssler: Neuhausen, 1998; Bernhard Ramm. Biblische Hermeneutik. ICI: Asslar, 1991; Thomas Kinker. Die Bibel verstehen und auslegen. a. a. O.; Walter C. Kaiser, Moisés Silva. An Introduction to Biblical Hermeneutics. Zondervan: Grand Rapids (MI), 1994; Moisés Silva (Hg.). Foundations of Contemporary Interpretation. Zondervan: Grand Rapids (MI), 1996; als älteres Beispiel: Milton S. Terry. Biblical Hermeneutics. Zondervan: Grand Rapids (USA), 1984[12] (Engl. Orig. 1890[1]).

[37] Inzwischen habe ich diesem Vergleich ein ganzes Buch gewidmet: Koran und Bibel. Hänssler: Holzgerlingen, 2008. Vgl. vorher schon: Christine Schirrmacher. Der Islam. 2 Bde. Hänssler, 2003[2]. Bd. 1. S. 108–137; dies. „Die Muslime und ihre Heilige Schrift – dargestellt an der Frage nach Frieden und Gewaltbereitschaft". Vortrag in Leverkusen 2003. www.ekir.de/lutherkonvent/Ziele/schirrm2.htm; Vgl. auch dies. „Der Einfluss der europäischen Bibelkritik auf die muslimische Apologetik". Fundamentum 1/1995: 66–84 = „The Influence of Higher Bible Criticism on Muslim Apologetics in the Nineteenth Century". S. 270–279 in: Jacques Waardenburg. Muslim Perceptions of Other Religions. Oxford University Press: New York/Oxford, 1999; auch S. 107–133 in: Andrew Sandlin (Hg.). A Comprehensive Faith: An International Festschrift for Rousas John Rushdoony. Friends of Chalcedon: San Jose (CA), 1996.

[38] Vgl. Thomas Schirrmacher. Die Vielfalt biblischer Sprache: Über 100 alt- und neutestamentliche Stilarten, Ausdrucksweisen, Redewisen und Gliederungsformen. VKW: Bonn, 1997[1]; 2001[2].

Keine Perfektion der Sprache	Perfektion der Sprache
Keine heilige Sprache, mehrere Sprachen	Heilige Sprache
Verpflichtung zur Übersetzung	Übersetzung eigentlich nicht möglich
Textkritik zulässig und Teil der Geschichte	Textkritik verboten und unterdrückt worden
Textkritische Textausgaben mit Lesarten	Fiktive Einheitlichkeit der Überlieferung
Im Laufe von Jahrtausenden entstanden	In wenigen Jahren entstanden
Viele Details über historische Entstehung	Praktisch keine historischen Details über Entstehung
Viele historische Angaben (Chronologie, Geografie usw.)	Kaum greifbare historische Angaben

Auch die apologetische „Verteidigung" (1Petr 3,15–16; Phil 1,16) der – auch historischen (z. B. 1Kor 15,1–17) – Glaubwürdigkeit der Schrift und ihrer Botschaft ist dann keine Feststellung, dass die Schrift nicht für sich selbst sprechen kann, sondern die besonnene und begründete Erklärung an andere, wieso wir die Schrift für das halten, was sie zu sein bezeugt. Dass die Schrift letztlich nur den überzeugt, der sich vom Geist Gottes überzeugen lässt, steht dazu nicht im Widerspruch.

Nicht zuletzt sei an dieser Stelle angefügt, dass Bibeltreue nicht bedeutet, dass man alles, was man für Leben und Ethik wissen müsse, aus der Schrift wisse. Vielmehr setzt die Schrift selbst unter und in der Offenbarung Verstand, Weisheit, Erfahrung usw. als Bezugsgrößen ein[39]. Im Apostelkonzil (Apg 15) bezog sich alles letztlich auf die Schriftauslegung („Das stimmt mit den Worten der Propheten überein, wie geschrieben steht ...", Apg 15,15), aber zugleich spielten die Erfahrung, die Tradition, vernünftige Schlüsse, die kirchliche Autorität und die Leitung durch den Geist Gottes eine tragende Rolle.

---

[39] Vgl. dazu Thomas Schirrmacher. Führen in ethischer Verantwortung: Die drei Seiten jeder Entscheidung. Edition ACF. Brunnen: Gießen, 20082. S. 45–54 u. ö.

Kritik der Kritik

Man hat dem Begriff Irrtumslosigkeit[40] vorgeworfen, dass er aus der Naturwissenschaft stamme. Zum einen ist das weder sprachhistorisch ganz richtig noch gilt es für die Gegenwart, denn der lateinische Begriff inerrantia wurde schon vor langer Zeit von der katholischen Theologie für die Irrtumslosigkeit der Schrift und des Papstes aus der philosophischen und naturwissenschaftlichen Sprache übernommen.[41] Zum zweiten benutzen wir in der Theologie viele Begriffe, die ursprünglich aus anderen Lebensbereichen stammen, darunter auch nützliche aus der Naturwissenschaft. Wenn ich etwa – mit einem meines Erachtens sehr treffenden Begriff – von der ‚Komplementarität' von Menschen- und Gotteswort und von der Komplementarität anderer Inhalte der Offenbarung[42] spreche, verwende ich einen Ausdruck aus der Physik. Und warum nicht? Wäre ein Ausdruck aus Philosophie oder Kunst automatisch besser oder schlechter in der Theologie einsetzbar? Und drittens kann es letztlich ja nicht um die Herkunft eines Begriffes gehen, sondern um seine verwendete Bedeutung. Und hier erklärt die 1. Chicagoerklärung im Einklang mit zahllosen bibeltreuen Exegeten und Systematikern in Artikel XIII:

> „Wir verwerfen die Auffassung, dass es angemessen sei, die Schrift anhand von Maßstäben für Wahrheit und Irrtum zu messen, die ihrem Gebrauch und ihrem Zweck fremd sind. Wir verwerfen ferner, dass die

---

[40] Gleason L. Archer. „Das Zeugnis der Bibel über ihre eigene Irrtumslosigkeit". S. 79–97 in: James M. Boice. Die Unfehlbarkeit der Bibel. Schulte + Gerth: Asslar & Immanuel Verlag: Riehen, 1987; Norman Geisler. „The Concept of Truth in the Contemporary Inerrancy Debate". S. 225–236 in: Morris Inch, Ronald Youngblood (Hg.). The Living and Active Word of God: Studies in Honor of Samuel J. Schultz. Eisenbrauns: Winona Lake (IN), 1983.

[41] S. z. B. Augustinus Bea. De inspiratione et inerrantia Sacrae Scripturae. Rom: Pontificium Institutum Biblicum, 1954; Johannes de Turrecremata. De inerrantia Romani pontificis ex cathedra definientis. Turin: Marietti, 1870; Hermann van Laak. De sacrae scripturae inspiratione atque inerrantia. Rom: o. V., 1910 (s. weitere Titel mit ‚inerrantia' in den internationalen elektronischen Bibliothekskatalogen).

[42] S. Thomas Schirrmacher. „Die Entdeckung der Komplementarität, ihre Übertragung auf die Theologie und ihre Bedeutung für das biblische Denken". S. 180–193 in: Peter Zöller-Greer, Hans-Joachim Hahn (Hg.). Gott nach der Postmoderne. Journal des Professorenforums Bd. 1. Münster: Lit, 2007, auch als MBS Texte 66 (Theologische Akzente). Bonn: Martin Bucer Seminar, 2006 zum Download unter www.bucer.eu/mbstexte. html.

Irrtumslosigkeit von biblischen Phänomenen wie dem Fehlen moderner technischer Präzision, Unregelmäßigkeiten der Grammatik oder der Orthographie, Beschreibung der Natur nach der Beobachtung, Berichte über Unwahrheiten, dem Gebrauch von Übertreibungen oder gerundeten Zahlen, thematischer Anordnung des Stoffes, unterschiedlicher Auswahl des Materials in Parallelberichten oder der Verwendung freier Zitate in Frage gestellt werde."[43]

Es geht eben nicht um eine vorab der Schrift übergestülpte Definition von ‚Fehler'[44] oder ‚Fehlerlosigkeit' oder von ‚Wahrheit' usw., sondern um das Selbstzeugnis der Schrift, die sich in menschlicher Sprache so offenbart, wie Menschen eben Sprache verwenden.

Man kann natürlich einwenden, was ein solcher Begriff nützt, wenn er sowieso den ‚Tod der tausend Qualifizierungen' stirbt, aber ist das nicht bei vielen Begriffen, auch gerade der Theologie, so, dass sie ohne nähere Definition kaum zu verwenden sind?

Und es sei auf jeden Fall auch klar gesagt: Es geht um die Sache, nicht um einzelne Begriffe. Ich kenne viele Theologen, die bewusst auf den Begriff ‚Irrtumslosigkeit' grundsätzlich verzichten, obwohl sie die Schrift genauso für Gottes unfehlbare Offenbarung halten und Sachkritik an der Bibel ablehnen[45], und noch viel mehr Vertreter dieser Sicht, die lehrten, bevor der Begriff ‚Irrtumslosigkeit' populärer wurde oder ihn schlicht und einfach nicht diskutieren oder verwenden.[46]

Worum es Vertretern der Unfehlbarkeit der Schrift geht, ist die Ablehnung der Kritik des Geschöpfes am Wort des Schöpfers. Der Bericht vom Sündenfall (Gen 3) zeigt: Wenn man den Glauben an und das Vertrauen in den ewigen Schöpfer und Gott zerstören will, muss

---

[43] Thomas Schirrmacher (Hg.). Bibeltreue in der Offensive. a. a. O. S. 21.
[44] Zur Frage der Fehler vgl. bes. ebd. S. 21–24 (Artikel IX + XI – XVI), sowie René Pache. Inspiration und Autorität der Bibel. a. a. O. S. 134–152; Wayne Grudem. Systematic Theology. a. a. O. S. 90–104; R. Laird Harris. Inspiration and Canonicity of the Scripture. a. a. O. S. 94–122; Edward J. Young. Thy Word is Truth. a. a. O. S. 165–185; John R. W. Stott. Understanding the Bible. a. a. O. (1972¹). S. 185–188 (zur Frage eines überzogenen Verständnisses, dass jeder Satz der Bibel ‚wahr' ist); Harold Lindsell. The Battle for the Bible. a. a. O. S. 161–184.
[45] Z. B. der bereits erwähnte A. T. B. McGowan. The Divine Spiration of Scripture. a. a. O.
[46] Z. B. Hermann Bavinck, s. dazu Richard B. Gaffin. God's Word in Servant-Form: Abraham Kuyper and Hermann Bavinck on the Doctrine of Scripture. Jackson (MS): Reformed Academic Press, 2008 (erweiterter Nachdruck von „Old Amsterdam and Inerrancy?". Westminster Theological Journal 44 (1982): 250–289 und 45 (1983): 219–272.

man den Glauben an und das Vertrauen in das Wort des Schöpfers zerstören. Der Mensch ist als Geschöpf so beschränkt, dass er den Schöpfer nie als solchen bekämpfen kann, da er nichts über ihn weiß. Er kann Gott nur bekämpfen, indem er bekämpft, was Gott über sich offenbart hat! Durch seinen Kampf gegen die Offenbarung Gottes beweist der Mensch, dass er selbst in seiner Rebellion gegen Gott „nicht vom Brot allein" leben kann, sondern „von jedem Wort, das aus dem Mund des Herrn hervorgeht" (5Mose 8,3; Mt 4,4), leben muss. Unglaube und Kritik der Offenbarung Gottes in Jesus und in seinem Wort hängen untrennbar zusammen. Wer Gott kritisieren will, muss bewusst oder unbewusst seine Offenbarung (sein ‚Wort') kritisieren, und wer sein ‚Wort' kritisiert, kritisiert gewollt oder ungewollt Gott selbst.

Die kritische Rückfrage der Schlange „Hat Gott wirklich gesagt ...?" war nur scheinbar ‚historisch-kritisch'. In Wirklichkeit stand das Urteil (griech. ‚krisis', davon ‚Kritik', ‚kritisch') für die Schlange von vornherein fest: „Ihr werdet keinesfalls sterben ...!" (1Mose 3,4). Wir kennen das aus der Geschichte der Bibelkritik. Es beginnt mit einigen kritischen Rückfragen, die man doch ‚ehrlich' zugestehen muss. Doch die Entscheidung ist meist längst zuungunsten des Wortes Gottes gefallen. Die Kritik ist dabei eigentlich nur ein Vorwand, aber ein sehr wichtiger, denn nur durch die scheinbar neutrale, objektive Rückfrage gelang es der Schlange, Eva überhaupt für die offene Kritik an Gottes Gebot empfänglich zu machen.

Wenn historisch-kritisch heißt, dass man historisch arbeiten will und dabei die Prinzipien der wissenschaftliche Kritik einsetzt (z.B. Forschung, historische Methode, Rekonstruktion des Originals, Diskussion mit anderen Forschern, Offenheit für Korrektur der eigenen Sicht, ständig erneute Überprüfung), dann arbeiten Vertreter eines bibeltreues Schriftverständnisses gerne ‚historisch-kritisch'.

Da aber ‚historisch-kritisch' in der Theologie längst nicht mehr einfach als Synonym für ‚Wissenschaftlichkeit' steht, sondern eine bestimmte sachkritische Grundsatzeinstellung der Bibel gegenüber bezeichnet, ist das, was damit bezeichnet wird, zu hinterfragen.

Wenn historisch-kritisch aber so verstanden wird, dass zu einem richtigen Verständnis des Textes gehöre, ihn nicht zugleich als Wort in menschlicher Sprache und als göttliche Offenbarung verstehen zu dürfen, wenn also mit historisch-kritisch ein „methodischer Atheismus" verlangt wird, und dieser daran fest gemacht wird, ob man möglichst häufig historische Aussagen der Bibel anzweifelt, auch wenn gar keine anderen historischen Quellen einen dazu zwingen, so lehnt ein bibeltreues Schriftverständnis dies ab. Auch wehren sich dessen Vertreter dagegen, man arbeite nur dann historisch-kritisch, wenn man bestimmte Mehrheitsmeinungen (wie die Quellenscheidung im Pentateuch oder die Zweiquellenhypothese für die Evangelien) teile. Dabei sind ja viele Forscher auch aus historischen bzw. wissenschaftlichen Gründen davon überzeugt, dass die traditionellen Autorenzuschreibungen der neutestamentlichen Bücher korrekt sind.

Immerhin gibt es ja viele Historiker, Altorientalisten und andere Wissenschaftler, die ganz selbstverständlich im Rahmen ihrer historischen Wissenschaften ‚historisch-kritisch' arbeiten, die die historische Glaubwürdigkeit der Bibel aber wesentlich höher einschätzen, als viele Theologen. Deswegen ist es wichtig, nicht die Definition von ‚historisch-kritisch' seitens der Theologie zur Norm zu erheben, sondern seitens anderer historisch arbeitender Wissenschaften.

Allerdings sollte man auch hier wie bei der Verwendung von ‚Irrtumslosigkeit' nicht alles an der Begrifflichkeit festmachen, sondern an Inhalten. Tatsächlich stellt sich aber auf allen Seiten oft einfach ein sprachlicher Reflex ein. Die Verwendung oder Ablehnung von Begriffen signalisiert auf beiden Seiten oft, ob der andere gut oder böse ist, ohne dass es noch eines konkreten Hörens aufeinander bedürfe. Damit war die Theologie in ihrer Geschichte aber immer schlecht bestellt.

Bibeltreue ist nicht mit der westlichen Theologie gleichzusetzen

Wenig ausgeprägt ist unter Bibeltreuen das Bewusstsein der Gefahr, die westliche Theologie für die biblische Theologie schlechthin zu halten. Wenn es in der 2. Erklärung in Artikel XII heißt: „Wir bekennen, dass bei der Aufgabe, die Bibel zu übersetzen und sie im Kontext jeder Kultur zu lehren, nur solche funktionellen Äquivalente verwendet werden sollten, die dem Inhalt der biblischen Lehre getreu entsprechen", so fehlt dabei die Demut der westlichen Theologie, dass sie sich selbst zugesteht, dass ihre eigenen Übersetzungen der biblischen Botschaft in die jeweiligen Kulturen diesem hehren Standard allzuoft nicht gerecht werden und deswegen nichtwestliche Kulturen in ihrer Auslegung und Übersetzung der Bibel im Rahmen ihrer Kultur nicht automatisch an Standards der westlichen Theologiegeschichte gemessen werden dürfen.

Gerade ‚bibeltreue' Missionswissenschaftler haben hier ein Defizit der Chicagoerklärungen ausgemacht. Schon Calvin geriet in den Geruch der Häresie, als er die Ableitung der Dreieinigkeitslehre aus der Schrift nicht automatisch an den Formulierungen der frühkirchlichen Konzilien festmachen wollte – gerade dadurch hat er aber auf Dauer zu einer Erneuerung und Festigung der Trinitätslehre beigetragen.[47] Heute müssen wir noch viel mehr betonen, dass die griechischlateinische und westliche Lesart der Bibel und der Theologie nicht mehr und nicht weniger kulturell bedingt sind, wie die anderer Kulturen, die derzeit zahlenmäßig immer stärker in den Mittelpunkt des Christentums rücken.

Bibeltreue kann die Vielfalt der Konfessionen nicht beenden

Und wenn wir schon bei kritischen Punkten sind, muss auch noch angesprochen werden, dass die theologische Vielfalt im ‚bibeltreuen' Lager zu wenig als Dauerherausforderung für jede biblische Hermeneutik verstanden und angesprochen wird.

Das wird etwa deutlich, wenn man sich den Kompromiss zwischen den Vertretern der reformierten und der dispensationalistischen Hermeneutik in Bezug auf die Prophetie und überhaupt die Mehrfacherfüllung eines Textes anschaut. Beide Seiten repräsentieren große Teile der evangelikalen Theologie in den USA. Ihre Hermeneutiken in Bezug auf eschatologische und sonstige Texte und ihre Eschatologien (die in jedem Lager selbst wieder sehr ausdifferenziert und vielfältig sind) sind nicht kompatibel. So ist in Artikel VII der 2. Erklärung unschwer im positiven Satz das reformierte Anliegen ausgedrückt, im negativen Satz das dispensationalistische: „Wir bekennen, dass die Bedeutung, die in jedem biblischen Text ausgedrückt wird, eine einzige, bestimmte und unabänderliche Bedeutung ist. Wir verwerfen die Auffassung, dass die Anerkennung dieser einen Bedeutung die Vielfalt ihrer Anwendbarkeit ausschließe". Die Hermeneutik im Einzelnen

---

[47] Vgl. die in Thomas Schirrmacher „Einladung zum Studium der Institutio von 1536". S. VII–LVI in: Johannes Calvin. Christliche Glaubenslehre: Erstausgabe der ‚Institutio' von 1536. hrsg. und eingeleitet von Thomas Schirrmacher. VKW: Bonn, 2008. S. IX–XI genannte Literatur.

bleibt dabei so schwierig wie zuvor, sie schließt lediglich Auslegungen aus, die von vorne herein prophetisches Reden durch methodischen Atheismus verneinen.

Überhaupt hätte man sich gewünscht, dass die Chicagoerklärungen – bei allem berechtigten Wunsch, über die Flügel der evangelikalen Bewegung hinweg Gemeinsamkeiten zu formulieren – selbstkritisch formuliert hätten, dass sich viele zentrale dogmatische Fragen (wie beispielsweise das Tauf- oder Abendmahlsverständnis oder die Eschatologie) nicht durch ein ‚bibeltreues Bekenntnis' lösen, sondern in der Regel so schwierig bleiben, wie außerhalb eines solchen Bekenntnisses.

Auch die Frage, inwieweit der sog. ‚Kreationismus' für ‚bibeltreue' Christen verbindlich ist, lässt sich etwa allein mit einem ‚bibeltreuen' Bekenntnis nicht beantworten. Zwar geht die Chicagoerklärung von der Zuverlässigkeit der Bibel in naturwissenschaftlichen und historischen Fragen aus (1. Erklärung, Artikel XII), aber solange es exegetisch und literarisch unterschiedliche Auslegungen der einschlägigen Texte in Genesis 1–11 gibt, so lange also nicht konkret und verbindlich zu rekonstruieren ist, was die Texte beschreiben wollen (z. B. wie die Sintflut naturwissenschaftlich ablief), solange wird man auch mit einer großen Bandbreite an ‚bibeltreuen' Sichtweisen von Genesis 1–11 leben müssen.

Literaturhinweise:

Gleason L. Archer. „Das Zeugnis der Bibel über ihre eigene Irrtumslosigkeit". S. 79–97 in: James M. Boice. Die Unfehlbarkeit der Bibel. Schulte + Gerth: Asslar & Immanuel Verlag: Riehen, 1987

Gleason L. Archer. Encyclopedia of Bible Difficulties. Zondervan: Grand Rapids (MI), 1982

James M. Boice (Hg.). Die Unfehlbarkeit der Bibel. Schulte + Gerth: Asslar & Immanuel Verlag: Riehen, 1987

Armin Buchholz. Schrift Gottes im Lehrstreit: Luthers Schriftverständnis und Schriftauslegung in seinen großen Lehrstreitigkeiten der Jahre 1521–28. Lang: Frankfurt, 1993; Brunnen: Gießen, 2007

Louis Gaussen. The Inspiration of the Holy Scriptures. Kregel: Grand Rapids, 1971 (Reprint), französ. Original „Theopneustie ..." 1840[1], 1842[2]

Wayne Grudem. Systematic Theology. IVP: Leicester (GB) & Zondervan: Grand Rapids (MI), 1994. S. 21–140

John D. Hannah (Hg.). Inerrancy and the Church. Moody Press: Chicago, 1984 (zu den Kirchenvätern, Reformatoren usw.)

Friedrich Heitmüller. „,Das Wort sie sollen lassen stahn' oder: Und dennoch – Verbalinspiration". Das feste prophetische Wort 2 (1952): 4 (April): 73–88

Rolf Hille. „Thesen zur Hermeneutik". S. 35–44: in: Thorsten Dietz, Hans-Jürgen Peters (Hg.). Seelsorge auf dem Feld des Denkens: Festschrift für Sven Findeisen zum 65. Geburtstag. Studienstiftung ‚Kein anderes Evangelium': Marburg, 1995

Stephan Holthaus. Fundamentalismus in Deutschland: Der Kampf um die Bibel im Protestantismus des 19. und 20. Jahrhunderts. VKW: Bonn, 1993[1]; 2003[2]

Robert M. Horn. Ein Buch spricht für sich selbst. Verlag der Liebenzeller Mission: Bad Liebenzell, 1979

Thomas Jeromin. Die Bibel über sich selbst: Das Selbstverständnis der biblischen Schriften. Edition Ichthys. Brunnen Verlag: Gießen, 2003

Bernhard Kaiser. „Was ist biblische Irrtumslosigkeit?". S. 96–119 in: Stephan Holthaus, Thomas Schirrmacher (Hg.). Der Kampf um die Bibel: 100 Jahre Bibelbund (1894–1994). Biblia et symbiotica 6. VKW: Bonn, 1994. 168 S. [zugleich Bibel und Gemeinde 94 (1994) 2]

Thomas Kinker. Die Bibel verstehen und auslegen: Ein praktischer Hermeneutikkurs. 2 Bde. Theologisches Lehr- und Studienmaterial 13/14. Verlag für Kultur und Wissenschaft: Bonn, 2003

Wilhelm Koelling. Die Lehre von der Theopneustie. Carl Dülfer: Breslau, 1891

Dirk Kurt Kranz. „Abriss zur patristischen Inspirationslehre der Heiligen Schrift (I)". Alpha Omega (Rom) 10 (2007): 245–283

René Pache. Inspiration und Autorität der Bibel. R. Brockhaus: Wuppertal, 1985³; 1976²; 1967¹

James I. Packer. Fundamentalism and the Word of God. Wm. B. Eerdmans: Grand Rapids (MI), 1988¹¹ (1959¹)

James I. Packer. Wie Gott vorzeiten geredet hat: Inspiration und Irrtumslosigkeit der Schrift. Verlag der Liebenzeller Mission: Bad Liebenzell, 1988

Lutz E. von Padberg. Die Bibel: Grundlage für Glauben, Denken und Erkennen. Wort und Wissen 17. Hänssler: Neuhausen, 1986

Francis A. Schaeffer. Die große Anpassung: Der Zeitgeist und die Evangelikalen. Schulte + Gerth: Asslar, 1988

Thomas Schirrmacher. Koran und Bibel. Hänssler: Holzgerlingen, 2008

Thomas Schirrmacher. Die Vielfalt biblischer Sprache: Über 100 alt- und neutestamentliche Stilarten, Ausdrucksweisen, Redeweisen und Gliederungsformen. VKW: Bonn, 1997¹; 2001²

Thomas Schirrmacher. „Der Bibel vertrauen". S. 31–42 in: Geistlich mündige Gemeinde bauen. Idea-Dokumentation 7/2000

Thomas Schirrmacher. Irrtumslosigkeit der Schrift oder Hermeneutik der Demut? VTR: Nürnberg, 2001

Thomas Schirrmacher. Darf ein Christ schwören? (Zum Bundesdenken der Heiligen Schrift). RVB: Hamburg, 2001

Thomas Schirrmacher. Verborgene Zahlenwerte in der Bibel? – und andere Beiträge zur Bibel. VKW: Bonn, 2003

Thomas Schirrmacher (Hg.). Bibeltreue in der Offensive: Die drei Chicagoerklärungen zur biblischen Unfehlbarkeit, Hermeneutik und Anwendung. VKW: Bonn, 2008³

Thomas Schirrmacher. Koran und Bibel. Hänssler: Holzgerlingen, 2008

Eckhard Schnabel. Inspiration und Offenbarung: Die Lehre vom Ursprung und Wesen der Bibel. TVG. Brockhaus: Wuppertal, 1986¹; 1997²

Heinrich von Siebenthal. „‚Wahrheit' bei den Althebräern". S. 208–232 in: Herbert H. Klement. Theologische Wahrheit und Postmoderne. R. Brockhaus: Wuppertal, 2000 (Kritik an Bormann, dort weitere Literatur)

Armin Sierszyn. Die Bibel im Griff? Historisch-kritische Denkweise und biblische Theologie. R. Brockhaus: Wuppertal, 1978; [Hänssler: Holzgerlingen, 2001]

Helge Stadelmann. Grundlinien eines bibeltreuen Schriftverständnisses. R. Brockhaus: Wuppertal, 1996³ (überarbeitet gegenüber 1985¹; 1990²)

Helge Stadelmann (Hg.). Liebe zum Wort: Das Bekenntnis zur biblischen Irrtumslosigkeit als Ausdruck eines bibeltreuen Schriftverständnisses. VTR: Nürnberg, 2002

John R. W. Stott. Understanding the Bible. Scripture Union: London, 1972 & Regal Books: Glendale (CA), 1972¹; Zondervan: Grand Rapids (MI), 1979; 1999². S. 181–205

Benjamin B. Warfield. The Inspiration and Authority of the Bible. hg. von Samuel G. Craig. Presbyterian and Reformed: Phillipsburg (NJ), o. J. (ca. 1992) (Nachdruck von 1948)

John Wenham. Jesus und die Bibel. Hänssler: Holzgerlingen, 2000

Rudolf Westerheide. „Das Wort Gottes in ganzer Fülle empfangen: Perspektiven für eine geistliche Schriftauslegung". S. 61–79 in: Thorsten Dietz, Hans-Jürgen Peters (Hg.). Seelsorge auf dem Feld des Denkens: Festschrift für Sven Findeisen zum 65. Geburtstag. Studienstiftung ‚Kein anderes Evangelium': Marburg, 1995

MARTIN BUCER SEMINAR

Das Martin Bucer Seminar bietet theologische Ausbildungen mit amerikanischen und anderen Abschlüssen (Bibelschule: Bachelor-Niveau, Theologiestudium: Master of Theology-Niveau, Promotion) für Berufstätige und Vollzeitliche an.

Der Stoff wird durch Samstagsseminare, Abendkurse, Fernkurse und Selbststudium sowie Praktika vermittelt. Leistungen anderer Ausbildungsstätten können in vielen Fällen anerkannt werden. Die Arbeit des Seminars wird wesentlich durch Spenden finanziert. Wenn auch Sie uns unterstützen wollen richten Sie Ihre Spende an: Trägerverein „Martin Bucer Seminar" e.V. (Verwendungszweck: Seminar).

Weitere Informationen finden Sie im Internet unter www.bucer.de oder kontaktieren Sie uns direkt per Mail: info@bucer.eu

Studienzentren:

hamburg@bucer.eu
berlin@bucer.eu
bielefeld@bucer.eu
bonn@bucer.eu
chemnitz@bucer.eu
prague@bucer.eu
pforzheim@bucer.eu
zlin@bucer.eu
linz@bucer.eu
muenchen@bucer.eu
zuerich@bucer.eu
insbruck@bucer.eu
istanbul@bucer.eu
saopaulo@bucer.eu

Spendenkonto: Martin Bucer Seminar e.V. • Verwendungszweck (Seminar)
IBAN: DE02520604100003690334   BIC/SWIFT: GENODEFIEKI